U0043947

東京 ART 小旅

帶你穿梭於美術館、展覽空間，
彙整美感爆炸的必訪店鋪

全新
增訂版

Area3　表参道：
一邊逛街一邊吸收美感養分

Area7 東京市部：
　　　　走出喧鬧的二十三區

出發前的提醒 _____

・美術館入館前通常會有置物櫃，建議只攜帶重要物品輕裝入場。
・每間美術館、甚至每個展覽的拍照規定都不一定相同，想拍照的話進館前記得先與工作人員確認喔！
・除了美術館之外的藝廊、商店等，欲拍照前也建議先詢問。
・日本人重視隱私權，拍照時請盡量避免拍攝到其他人的臉孔。
・拍照時記得關閉閃光，以免影響作品及他人。
・本書的美術館內部拍攝皆經過美術館許可，部分禁止拍照的店家也是透過申請採訪後拍攝。

　　每年的春天我都會想起東京。

　　我在 2012 年春天開始了東京的美大生活，還記得研究所的畢業前夕，課堂上教授一一將研究生點名，問大家這兩年在學校學到了些什麼，而我回答：「其實不只在學校的學習，在東京這個大環境每天被藝術設計包圍，對於美學的視野開闊許多。」

　　以吸收美學養分這件事來說，走在東京是奢侈的。俯拾即是的好設計，精彩的展覽，品味獨到的店家，不只好看更好吃的餐廳咖啡廳⋯⋯在瞬息萬變的東京，想去的地方永遠去不完。在學生時期旅居東京，抑或是畢業後再回到東京的日子裡，假日最常做的事情就是尋找想看的展覽，再另外搜尋自己蒐集的資料庫，看看附近或沿線是不是有什麼店家可以一併前往，以節省一點東奔西跑的時間和交通費。於是幾年下來累積了釘滿星星的 Google map，這同時也是寫這本書的初衷。

　　這本書以區域劃分章節，方便大家架構自己行程的同時，也能更瞭解關於東京的藝術、設計、風格、美學。同時也新增了觀光行程較少行經的「東京市部篇」，這麼一來或許也能夠跨出更多腳步，找出不只是吃喝玩樂，而是更不同於以往的新的發現。

　　希望大家也能在東京遇見自己的怦然心動。

窓話

Area 1

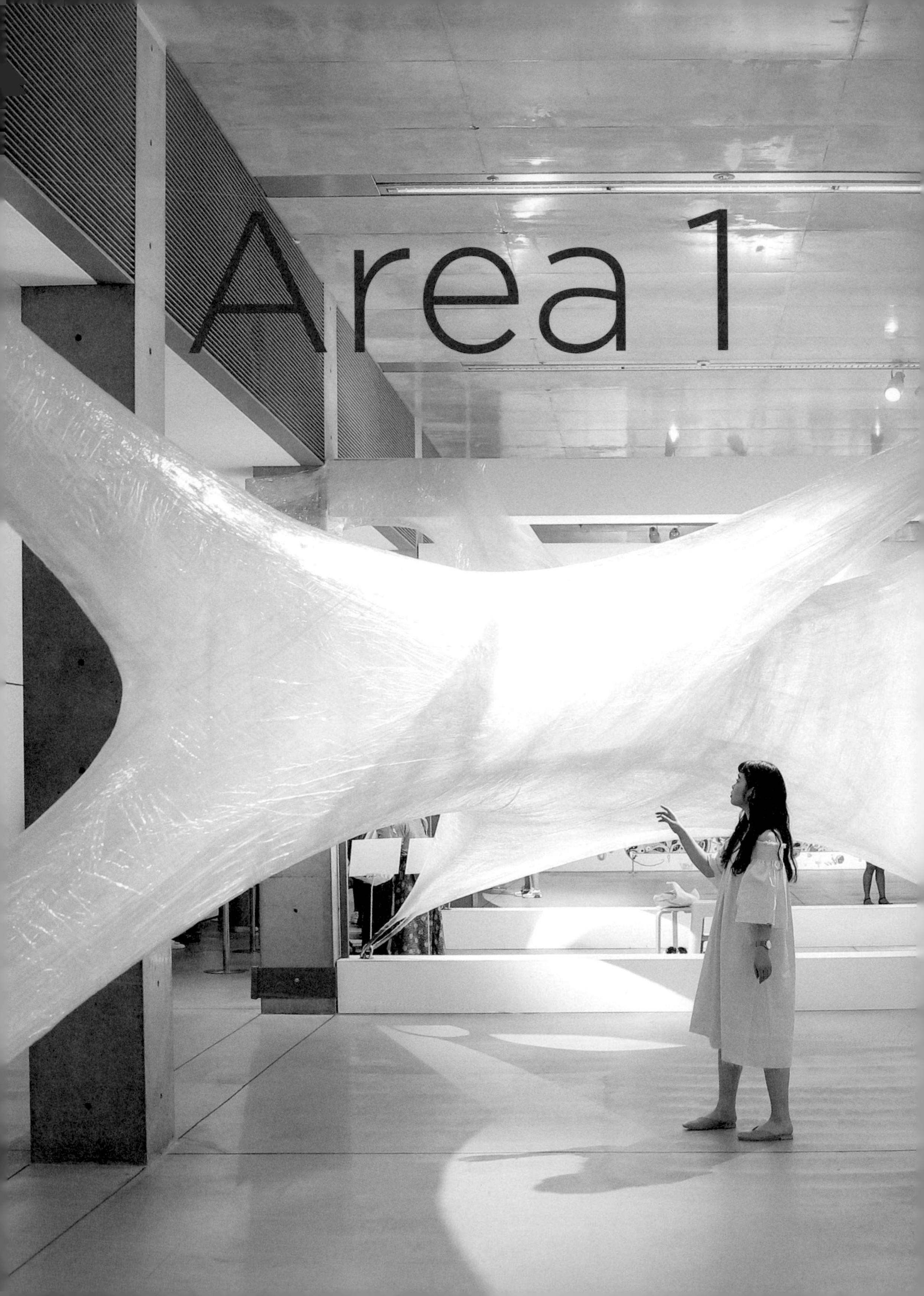

六本木 Roppongi

推薦給所有人的美術館金三角

如果說時間有限，只有一天的時間能夠遊走於東京的美術館中，首推的絕對是六本木了。說起六本木，曾經給人的就僅有繁華絢麗的夜生活形象，但在幾間美術館相繼落成，以及街區的藝術塑造之後，慢慢就變成了藝術愛好者的流連之地。六本木的美術館形象多元，最具討論度的三間美術館不管是展覽風格或是建築本身都各有千秋，相信每個人都能在其中找到符合自己喜好的美術館。另外美術館及藝廊大部分休週二或是週日及週一，建議錯開這三天更能完整地體驗六本木的藝術。

時髦卻平易近人
21_21 DESIGN SIGHT

穿過 Tokyo Midtown，就可以看到大片草地上以三角形金屬板為主體的 21_21 DESIGN SIGHT。21_21 DESIGN SIGHT 由三宅一生設計文化財團營運，建築師安藤忠雄設計，要說它是最時髦的展覽空間也一點都不為過。服裝設計師三宅一生以「一匹布」為時尚哲學，崇尚單純的線條及少即是多的設計，安藤忠雄把這個概念發揮到極致，以大片金屬板摺疊出整個空間形狀，也不遮住建築體背後的整片杉樹與藍天，把大部分的展覽空間都埋在地底。

摺板在地面上圍塑出一大一小的兩個空間，大的一側自然是展覽空間的入口，小的一側曾經是餐廳，但在創立十週年的 2017 年設立了 Gallery 3，除了作為展示空間之外，也將開放舉辦各式活動與工作營，希望把藝術更帶進大眾的生活。數年前曾經在休展的時候抱持著光看建築也好的心態，帶著朋友造訪 21_21 DESIGN SIGHT，沒想到剛好撞見安藤忠雄建築師從餐廳走出！我們一行人不好意思打擾，卻又忍不住露出迷弟迷妹的眼神看著安藤先生，而安藤先生似乎是發現被我們認出，靜靜的對著我們點了個頭就繼續往前走了，這個驚喜的小插曲讓我們對 21_21 DESIGN SIGHT 留下了更多美好回憶。

右邊是展覽空間主體，左邊是新開設的 Gallery 3 入口。

由佐藤卓設計的 21_21 招牌也能購買回家做紀念。

　　除了三宅一生之外，共同擔任 21_21 DESIGN SIGHT 總監的則是平面設計師佐藤卓以及產品設計師深澤直人。活躍於設計最前線的三人，其中負責了 21_21 DESIGN SIGHT logo 設計的，也就是目前的館長佐藤卓。再加上身為特約顧問的藝術記者川上典李子，據說四人至今仍然會每月聚會討論 21_21 DESIGN SIGHT 的走向與需求，繼續追求他們的理想，同時也是美術館的主軸，「走在設計視野的最前端」。

● **安藤忠雄與清水混凝土**

安藤忠雄，日本知名建築師，在沒有受過正式的建築訓練之下成為建築師，曾獲得建築界最高榮譽的普利茲克獎。他擅長使用幾何圖形塑造建築量體，著名的作品大都以清水混凝土為主要素材，演繹出現代卻帶有日本侘寂之美的風格。清水混凝土大家也常稱之為「清水模」，是在經過混凝土澆置完成結構後，不再做油漆、貼磁磚或石材等表面處理的一種建築表現手法。也因此製作過程中固定板模產生的孔洞也會留在建築表面，成為清水混凝土的特色之一。

1. 在建築收尾處可以發現平面形狀是三角形。
2. 1 樓是呼應展覽主題的販售空間,不需門票即可參觀。

1. Christo and Jeanne-Claude，〈The Mastaba Project for the United Arab Emirates〉的草圖。
2. 美術館的空間中性，可依每次不同展覽展現不同面貌。
3. 狹窄的長廊空間也是安藤忠雄建築時常出現的建築語彙。
4. 西野達，〈Capsule Hotel 21〉，2017 年。
5. 實際進入〈Capsule Hotel 21〉內看見的樣貌。

map

21_21 DESIGN SIGHT 所策劃的展覽一向主題性強烈，身爲總監的佐藤卓與深澤直人時常親自下海策展，此外也廣邀擅長不同面向主題的策展人，並非單純集合藝術家的作品，而是有了主題後才尋找適合展品，或甚至是有了主題後才邀約藝術家創作的模式讓 21_21 DESIGN SIGHT 的展覽更具有聚焦性。比起一般美術館難懂的美術作品，21_21 DESIGN SIGHT 擅長策劃貼近生活的主題，像是從 NHK 兒童美學節目發想的〈デザインあ展〉（啊！設計展），還有也曾移師台灣舉辦，以互動式裝置體驗爲主的〈単位展〉（單位展），都讓大眾覺得美術館不再有隔閡，適合全家大小共同欣賞。

　上回造訪時的展覽主題爲〈「そこまでやるか」壯大なプロジェクト展〉（「要做到這種地步嗎」壯大的計畫展，本展覽已結束），展覽邀請 8 組藝術家，在綿密的計畫以及許多人的幫助之下完成了 8 個顛覆常識的超大尺度作品，其中最令人印象深刻的是〈Capsule Hotel 21〉（膠囊旅館 21）。藝術家西野達擅長以都市爲尺度創作，這次他在 21_21 DESIGN SIGHT 館內規劃了膠囊旅館，也在網站上實際提供民眾申請住宿，要是能在裡面住上一晚一定是很難忘的經驗吧！

展覽空間／ 21_21 DESIGN SIGHT ／六本木
地址　東京都港区赤坂 9-7-6 Tokyo Midtown，
　　　Midtown Garden 內
電話　03-3475-2121
時間　10:00 ～ 19:00，週二休
網址　www.2121designsight.jp
票價　¥1,400

| 美術館 |

王道美術館的新型態
国立新美術館

　　比起其他兩間美術館，国立新美術館的坐落位置不在六本木的主要幹道上，環境較爲清幽。作爲代謝派建築大師黑川紀章晚年留下的作品之一，国立新美術館顯得較他早期作品柔軟許多，大片連續曲面的玻璃帷幕給人很深的視覺印象，在陽光的照射之下會出現粼粼波光，呈現不同光影表情，同時還能減少室內照明使用，形塑出充滿自然光的內部空間。

● 日本獨有的新陳代謝論

　　新陳代謝論，一般稱之爲代謝派建築。現代建築運動大多起源於歐美，源自於亞洲的代謝派則是首例。1960 年代，戰後的日本經濟迅速起飛，以師事於丹下健三的建築師黑川紀章、菊竹清訓、槙文彥、磯崎新爲首，聚集了許多年輕建築師及都市計畫技師，以「新陳代謝」爲運動名稱，發想了可以因應社會變化及人口成長，能以有機生命體的型態形塑，隨時間再生、重組的建築模式，像是螺旋都市、海上都市等都在當時的提案範圍內。雖然最終並沒有以都市建設的方式成型，但當時參與的建築師們其後都將當時的理論以自己的角度發展成自己的作品，當中黑川紀章所設計的中銀膠囊大樓即是最有名的代表之一。

曲面玻璃是国立新美術館最大特色。

相對於冷調的玻璃外牆，內側大量使用溫暖木質平衡空間調性。

1. Surasi Kusolwong，〈Golden Ghost〉(Why I'm Not Where You Are)，2017 年。
2. 從 Suzann Victor 的〈Veil—See Like a Heretic〉作品內看 Chalood Nimsamer 的
　〈The Traces of Searching for a 'Couple'〉。
展覽現場：〈SUNSHOWER: Contemporary Art from Southeast Asia 1980s to Now〉，2017 年。

彷彿浮在半空中的餐廳，午餐時間會白陽光灑落。

　　美術館內最大的視覺重點，大概就是巨大的混凝土倒圓錐柱了。它的頂端分別連接 2 樓與 3 樓，貫穿了整個挑空空間，並呼應著玻璃帷幕帶來的曲線，凹凸之間帶來的空間感非常上相，怎麼拍都好看！作爲全日本樓地板面積最大級的美術館，除了大量展示空間之外，爲了讓觀展者都能有休憩空間，也爲了提升集客率，国立新美術館在從地下室到 3 樓的每層樓都設置了不同類型的咖啡廳及餐廳，其中最具名氣與好評的就是法國知名三星主廚 Paul Bocuse 的餐廳 Brasserie Paul Bocuse Le Musée 了！以不到 ¥3,000 的價格能夠吃到米其林三星料理的吸引力不容小覷，曾在多年前梵谷展的同時和媽媽一同造訪，午餐時間一直是客滿狀態，建議大家就算是平日中午也需要做好排隊的心理準備。

FX Harsono，〈Voice Without a Voice/Sign〉，1993-1994 年。

　　說到国立新美術館舉辦的展覽，似乎西洋古典美術給人的印象
較為強烈，但事實上古典美術與現代藝術，甚至建築均在国立
新美術館的展覽內容之列，像是国立新美術館的十週年特展之一
〈安藤忠雄展─挑戰─〉就是一例，是已舉辦的多次個展當中規
模最大、展出作品最多的一次，甚至在戶外空間 1：1 重現了他的
知名作品〈光之教堂〉，能夠親自走進空間之內朝聖，吸引了許
多建築迷前往。還有創下 2016 年度日本觀展最高人次的〈雷諾瓦
展〉，與奧賽美術館以及橘園美術館共同主辦，將超過百件的作
品運送至日本展出，內容除了著名的印象派畫作之外，也包含雕
刻、素描、粉彩等作品，讓人們得以窺見雷諾瓦的全貌。2017 年
国立新美術館也舉辦了新藝術運動代表畫家慕夏的個展，以及草
間彌生個展〈わが永遠の魂〉（我永遠的靈魂）。除了能夠了解
草間彌生一生的大量作品之外，還發給觀展者圓形貼紙讓一般民

map

衆也能參與創作，想必更能對藝術產生親近感。一般展覽若是觀展人數突破 40 萬人就已經是非常了不起的成績了，而雷諾瓦展突破了 66 萬人，慕夏展超過 65 萬人，草間彌生展也突破了 51 萬人，證明国立新美術館不管舉辦什麼面相的展覽，都有一定水準，並一樣能吸引大量人潮，是高水準展覽的證明。

在国立新美術館除了展覽與餐廳之外，走進地下室，由知名生活選物店 GEORGE'S 所企劃的美術館商店 SOUVENIR FROM TOKYO 也能看見嶄新的東京。東京集合了許多不同的人事物，不論新舊或是風格，東京都將其匯集與包容，生成專屬於東京的文化氣味。国立新美術館很特別的一點是，雖然身為國立的美術館，但美術館本身並沒有任何館藏作品，就算有著全日本最大的展示空間，卻選擇將所有的展覽廳都用於舉辦各式展覽。而一般來說美術館商店會販售的商品會以館藏作品為中心衍生出周邊商品，但沒有館藏的国立新美術館就更自由，以立地東京為出發點發想企劃，SOUVENIR FROM TOKYO 也希望人們能在這裡接收到他們對於「東京」的詮釋，是非常適合選購伴手禮的地方。

另外一旁的 SFT GALLERY 則提供了新銳設計師及藝術家展示與販售的空間，與商店並設的形式讓顧客對藝術品或設計商品不再感到有距離，更能輕鬆地將設計與藝術帶進自己的生活。

美術館／国立新美術館／六本木
地址 東京都港区六本木 7-22-2
電話 03-5777-8600（語音服務電話）
時間 10:00 ～ 18:00，週二休
網址 www.nact.jp
票價 依展覽而定

夜貓子美大生造訪率 No.1
森美術館

　　身邊設計藝術相關領域的朋友，大部分都是夜貓子，而這個習慣的養成或許是從學生時代開始的吧？在夜深人靜的時候總是特別有靈感，想當然耳沒有課的白天是絕對沒辦法早起。爲了方便上學住在鄰近美術大學的東京市郊，坐上電車進市區抵達美術館也總需花上一小時以上，尤其做作品做到沒日沒夜的時候還眞的只能望展興嘆了。於是唯一開放到夜間 10 點的森美術館就成了看展的首選之一，同時年度通票制度也十分優惠，連同行朋友都能有折扣，是當時身邊朋友幾乎人手一張的美術館通票。

　　六本木 Hills 的興建是 2000 年代非常大型的都市更新計畫之一，隨著港區的都市重劃、朝日電視台的搬遷，六本木 Hills 裡合併了電視台、旅館、商場、美術館、電影院、辦公室、住宅等機能。而森美術館在這邊扮演著文化核心的位置，從重視國際性與現代性的獨自觀點出發，策劃舉辦了許多充滿主題性的有趣展覽。

　　不只專注於純藝術，森美術館的策展範圍十分廣闊，從建築都市、設計，到其他以文化、歷史、哲學、科學爲延伸的題材，

即使週日晚上，森美術館依舊有著
滿滿人潮。

進入美術館前必經的長長手扶梯。

N. S. Harsha，〈Nations〉，2007 / 2017 年

N.S.Harsha，〈Sky Gazers〉（部分），2010 / 2017 年。

不只推廣各種領域的藝術，也讓觀展者能接觸到更多藝術的可能性。森美術館的視野也不只著重在一般人眼中的藝術重鎮，而是更致力於推廣亞洲在地的藝術文化。不只推出日本藝術頑童会田誠的個展〈天才でごめんなさい〉（不好意思我就是天才），森美術館也曾經展出過台灣藝術家李明維的展覽〈リーミンウェイとその関係〉（李明維與他的關係），以及大家可能較不熟悉的阿拉伯當代藝術展、印度藝術家 N. S. Harsha 的個展等，都爲觀展者帶來更寬闊的藝術視野。拿印度藝術家 N. S. Harsha 的個展〈チャーミングな旅〉（迷人的旅程）來說，一般人對印度藝術的印象可能還停留在刻板的寶萊塢式的華麗風格，但 N. S. Harsha 的作品色調溫柔淡雅又現代，背後卻蘊含綿長的印度文化與宗教意涵。

1. N. S. Harsha，〈Come Give Us a Speech〉（部分），2008 年。
2. N. S. Harsha，〈Punarapi Jananam Punarapi Maranam〉（again birth - again death），2013 年。
展覽現場：〈N. S. Harsha 展：チャーミングな旅〉（迷人的旅程），2017 年，森美術館。

TOKYO CITY VIEW 能夠眺望東京鐵塔及東京灣，拍下極具東京味的照片。

map

以「生命」及「旅程」為中心概念，重複繪製大量人物及動植物也是他的特徵之一，展品不乏花費數年時間繪製的大型作品，透過畫布也能感受到傳遞來的巨大能量。

除了森美術館之外，52 樓同屬於森大樓集團的森アーツセンターギャラリー（Mori Arts Center Gallery）的展覽方向則更為廣泛，曾經舉辦許多深入淺出的國外美術館收藏展，或是大家熟知的電影、漫畫、卡通展，從 JoJo 的奇妙冒險、提姆波頓到哈利波特，試圖吸引更多不同客層的觀眾前往觀賞。在日本大部分美術館還禁止拍照的年代，以新世代的視野，視展覽開始開放拍照，甚至推出專屬 hashtag、舉辦照片投稿比賽讓觀展者更有參與感與親近感的，森美術館也是其中之一。以新世代的觀點出發行銷，而且總是能拍出美美的照片，或許也是森美術館人潮始終絡繹不絕的原因吧。但拍照前還是記得要確認是否能拍照喔！

另外千萬別忘記美術館的門票裡也包含了 52 樓的 TOKYO CITY VIEW 展望台！比起坐落在墨田區的 Skytree（晴空塔），位於港區的六本木可以更清楚的看見東京的老地標——橘紅色的東京鐵塔，是東京眾多展望台當中，最能深刻感受到自己就身處在東京的一片夜景。

美術館／森美術館／六本木
地址 東京都港区六本木 6-10-1 六本木 Hills 森 Tower 53F
電話 03-5777-8600
時間 10:00 ～ 22:00，週二 10:00 ～ 17:00
網址 www.mori.art.museum
票價 依展覽而定

不再感覺距離遙遠的古日本生活之美
サントリー美術館（SUNTORY MUSEUM of ART）

　　以推廣「生活中的美」爲主題，位於六本木 Tokyo Midtown 內的サントリー美術館以日本傳統的古美術品爲中心，收藏許多繪畫、陶瓷、漆工藝、玻璃、織染工藝等作品。其中包含國寶級的〈浮線綾螺鈿蒔絵手箱〉，手箱就是大家常說的寶箱，通常用來收藏寶石或是昂貴的化妝道具，最具代表性的應該就是浦島太郎的故事了，最後浦島太郎回到現實世界打開的就是像這樣的寶箱。〈浮線綾螺鈿蒔絵手箱〉出自日本鎌倉時代，上面繪製的浮線綾文是平安時代之後，因應家格和位階繪製的，在貴族制度已不存在的現代來說，十分具有歷史意義。

　　除了〈浮線綾螺鈿蒔絵手箱〉這一件國寶作品以外，3,000 件左右的館藏中還有 15 件重要文化財，サントリー美術館在日本美術界當中有著極重要的地位，將這些美好的古文化流傳給後世。美術館從館藏到建築師隈研吾經手設計的空間都充滿日式風味，位於購物商場內的設定也讓古美術不再那麼讓人感到遙不可及，希望能「結合美、開創美」，讓人們就算位於現代也能時時感受傳統之美。

六本木 Tokyo Midtown 本身也是木質調空間。　　美術館以細木頭格柵和賣場做出區隔。

map

訪問時正在展出室町時代後期狩野派畫家狩野元信的展覽。

● 日本的重要文化財制度

　　日本政府將具有歷史和藝術價值的建造物、美術工藝品、考古資料、歷史資料等稱爲「重要文化財」，受到《文化財保護法》保護，和台灣的「文化資產」以及《文化資產保存法》是類似的概念。日本各地的都道府縣或市町村也能指定「文化財」，但是國家認證的才能掛上「重要」兩字。而在「重要文化財」當中，日本政府又將「從世界文化的視角來看具有極高價值，無可替代的國民之寶物」指定爲「國寶」，是非常珍貴而稀少的。根據 2024 年 3 月的調查結果，日本全國的國寶含有建造物 231 件，美術工藝品 906 件。

美術館／サントリー美術館／六本木
地址　東京都港区赤坂 9-7-4 Tokyo Midtown Galleria 3F
電話　03-3479-8600
時間　10:00 ～ 18:00，週二休
網址　www.suntory.co.jp/sma/
票價　依展覽而定

將設計串連的集散地
Tokyo Midtown Design Hub

　　六本木 Tokyo Midtown 中另一個更常造訪的設計空間就是 Tokyo Midtown Design Hub 了。Hub 指的是輪轂，輪轂是車輪的軸心，車輪的構造都在此交集，Design Hub 也希望能夠成爲集合人們的場所，結合設計的推廣、職能發展與教育。Design Hub 分別由日本設計振興會、日本平面設計協會以及國際設計聯合中心構成，各單位將各自擅長的領域串連起來。

　　學生時期幾乎每年都會報到的就是展出 GOOD DESIGN 賞得獎作品的〈GOOD DESIGN EXHIBITION〉，總是可以接觸到一些已經成形的新點子，很能刺激靈感。Design Hub 曾陸續和九州大學藝術工學部、武藏野美術大學及多摩美術大學合作，身爲校友也常收到武藏野美術大學爲校友在這裡開設講座或相關展覽的通知，像是系上教授也曾經一起在 Design Hub 舉辦〈いろは展〉（基本展），由系上教授，也是創立 FINAL HOME 的知名服裝設計師津村耕佑領軍擔任總監，帶領空間演出設計系包含服裝設計、空間設計、家具設計、舞台設計等專長的所有教授，展出自己在各領域走過的道路。另外 Design Hub 也會不時舉辦研討會、工作營等，希望能從這裡推廣出更多屬於設計的新動力。

狹長型的明亮空間，動線清晰單純。　位於以辦公室爲主的 Midtown Tower，Design Hub 也走簡約風。

展覽現場：〈日本のグラフィックデザイン 2016〉（日本的平面設計 2016），2016 年。

展覽空間／ Tokyo Midtown Design Hub ／六本木

地址　東京都港区赤坂 9-7-1 Midtown Tower 5F
電話　03-6743-3776
時間　11:00 ～ 19:00，無休
網址　designhub.jp
票價　免費
※ 不定期策展

關於攝影，我們可以懂得更多
FUJIFILM SQUARE

　　在所有的日本底片品牌之中，目前轉型得最成功的品牌，FUJIFILM（富士軟片）絕對是其中之一。一直非常喜歡底片的質感勝過數位相機，甚至就算是使用數位相機也一直在琢磨如何能將數位照片後製成更接近底片的發色。我自己手頭上現在留有的底片相機當中，最常用也最愛用的就是 FUJIFILM 在 2006 年推出的輕便型底片相機 NATURA CLASSICA，相較古董級的手動機械相機，NATURA CLASSICA 自動對焦和極輕的重量很適合隨身攜帶，隨時快速記錄，自己在出國時習慣輕裝出發，iPhone 加上 NATURA CLASSICA 就是我習慣的標準配備。但在智慧型手機和數位相機普及的現在，底片的式微還是無可避免。NATURA CLASSICA 在 2012 年停產，最後留在 FUJIFILM 產線上的中片幅底片相機也在 2017 年 12 月宣布停止生產，底片相機正式在 FUJIFILM 的歷史中劃下句號。

　　值得慶幸的是 FUJIFILM 仍然持續生產著底片、即可拍及拍立得相機。保留底片機復古外型及手感的數位相機也大受攝影愛好者歡迎，這幾年活用研發技術開發起美容保養品之外，也在

FUJIFILM SQUARE 入口在六本木
Tokyo Midtown 外圍。

近年來再度翻紅的即可拍底片相機。

從櫥窗裡的古董相機可以看到底片相機的歷史軌跡。

六本木 Tokyo Midtown 中開設了介紹攝影歷史的歷史博物館，館內有著歷史文物、攝影展、維修、販售，參觀結合了這些功能的 FUJIFILM SQUARE 就彷彿在參觀 FUJIFILM 的小型工廠一般，濃縮了從古到今的攝影歷史，並不由得感謝攝影這項技術的發明，讓更多的美景可以留在我們的記憶裡。

展覽空間／ FUJIFILM SQUARE ／六本木

地址 東京都港区赤坂 9-7-3
電話 03-6271-3350
時間 10:00 ～ 19:00
網址 fujifilmsquare.jp
票價 免費

| 和菓子 |

把高級和菓子變得年輕而時髦
虎屋

虎屋（とらや）在日本室町時代後期即創立於京都，至今已走過五個世紀。以天皇御用的和菓子聞名的虎屋，不只堅持延續傳統，也致力於將品牌年輕化，請來以三得利烏龍茶廣告走紅的藝術總監葛西薰，一手包辦 CI、空間計畫及包裝設計，塑造出既保留歷史韻味，又簡約現代的新品牌形象。

虎屋六本木 Tokyo Midtown 店由巨大暖簾和純白色方塊構成，這個空間由設計了三重縣鳥宇市海之博物館的建築師內藤廣操刀，他不追求流行，禁得起時代考驗的風格恰好和虎屋十分貼近。除了販售和菓子之外，為推廣日本文化的價值，虎屋特地保留了部分空間做為展示用途，時常在店內展示空間舉辦各式展覽，像是定期與各界設計師、藝術家合作，配合展覽主題設計出精緻而獨特的和菓子，甚至也真的將其商品化販售，對於視覺和味覺來說都是饗宴。

不過說起虎屋最有名的的商品，還是非精緻盒裝的小型羊羹莫屬了。由法國香水包裝為靈感設計出的羊羹外型精美，口味優雅

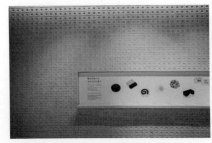

堆疊成外牆的方塊形狀古典，白色卻顯得新潮。

入店後右側是販售空間，左側則作為展覽使用。

巨大的暖簾在商場裡十分搶眼。

不甜膩，當作送給長輩的伴手禮絕對不失禮。而對年輕人來說滲透度更高的可能反而是近幾年重新整頓開張的 TORAYA CAFE，目前在北青山、青山和新宿都有設點，店裡販售的商品比虎屋本店更嶄新，像是招牌的紅豆抹醬就很適合購買一罐帶回家，隨時都能再享受旅行時記憶中的味道。

和菓子／虎屋／六本木

地址 東京都港区赤坂 9-7-4 Tokyo Midtown Galleria B1
電話 03-5413-3541
時間 11:00 ～ 20:30
網址 www.toraya-group.co.jp

現代美術的最前線
complex665

　　就在六本木 Hills 後方的巷弄裡，有著一棟集結了三間現代美術藝廊的建築物，簡約灰色的外觀加上醒目的白色手繪曲線 logo，那就是 complex665。和六本木 Hills 一樣由森大樓株式會社營運，進駐的 ShugoArts、Taka Ishii Gallery 及小山登美夫畫廊皆爲在日本已有一定歷史與名氣的藝廊。ShugoArts 以「藝廊的冒險」爲主題，希望打造不同於以往的嶄新藝廊。Taka Ishii Gallery 經手的作品以攝影及畫作爲主，能夠代表日本的攝影師荒木経惟和森山大道之外，也積極引進海內外新銳藝術家作品，並在紐約及巴黎都有設點，希望促成日本與海外的藝術交流。

　　其中最具知名度的小山登美夫畫廊旗下有許多知名藝術家，奈良美智、村上隆也都曾是旗下的一員。不只將外國的尖端藝術引進日本，小山登美夫畫廊也成功地讓旗下藝術家躍上國際殿堂，同時也打響自家名號，晉身日本一線藝廊之列。知名攝影師蜷川実花亦是小山登美夫旗下的藝術家之一，complex665 開幕時小山登美夫畫廊就選擇展出蜷川実花的〈Light of〉系列作品。一般對

展覽現場：Leiko IKEMURA，〈After another world〉，2017 年。

入口前有著和外牆相同材質的金屬立牌指標。

白色曲線 logo 由藝術團體 Nerhol 的田中義久設計。

展覽現場：野口里佳，〈海底〉，2017 年。

蜷川実花作品印象最深刻的會是濃豔飽和的人像作品，但與之不同的〈Light of〉系列則是以「光」爲主題，拍攝了關於煙火與音樂祭在黑暗中綻放的燦爛光芒，拍攝下的照片彷彿凝結了一個片段，有著燦爛卻不喧鬧的寧靜美麗。

complex665 還在 1 樓貼心的設置了共同使用的商談空間，讓前來購買的買家能夠更放鬆的選擇自己喜愛的藝術品。三間不同風格藝廊聚集的 complex665 各有擅長的領域和風格，才開幕不久就已經成爲藝術迷來到六本木時必訪的聖地之一。如果到訪森美術館，別忘了多走幾步路，就能吸收到不同於美術館的藝術經驗與養分！

展覽空間／ complex665 ／六本木

地址 東京都港区六本木 6-5-24
時間 11:00 ～ 19:00，週日、週一休
網址 www.takaishiigallery.com
　　 shugoarts.com
　　 tomiokoyamagallery.com
票價 免費

從巴黎到東京的藝術新浪潮
PERROTIN

　　由法國巴黎起家的藝廊 PERROTIN 陸續在美國紐約、香港、韓國首爾設點後，終於在 2017 年跨足日本東京。PERROTIN 創辦人 Emmanuel Perrotin 21 歲時就將自己的公寓當作藝廊開始舉辦展覽，至今經手過 17 個藝術空間，為空間及藝術創造了更多可能性。現在的 Emmanuel Perrotin 是全世界藝術界知名的伯樂，和他合作過的藝術家幾乎都一躍成為國際知名的藝術家，像是由街頭塗鴉跨足潮流界，最後再度回歸塗鴉藝術創作的美國藝術家 KAWS 也是 PERROTIN 的合作對象之一。不僅經手艱澀高端的現代藝術，多元的風格更讓 PERROTIN 在眾多藝廊當中顯得年輕而充滿活力。

　　PERROTIN 所在的ピラミデビル（Piramide 大樓），原先只是一棟普通的住商混合大樓，裡面開設了一些餐廳，但在 2003 年開始由森美術館為首的六本木藝術金三角形成，2009 年開始舉辦六本木 ART NIGHT，越來越多的藝術資源開始往六本木集中，森大樓看好這個趨勢將這棟大樓納入旗下，陸續將空間出租給適

空間內部還藏有一個展示區，別錯過了。

入口處採用沉穩的木紋包裹整個白色空間。

展覽現場：Paola Pivi，〈They all look the same〉，2017 年。

合的藝廊。藝廊的設置比想像中還要需要資源，沒有鄰接車子能夠通行的道路或是沒有貨梯都會形成營運的困難，最好還要交通方便才能吸引人潮，所以一旦有適合的空間據說同行都會「好康道相報」，也形成了像這樣藝廊集中在一起的有趣現況。同棟大樓當中還有 OTA FINE ARTS、WAKO WORKS OF ART、Yutaka Kikutake Gallery 及 Zen Foto Gallery 等不同風格取向的藝廊，在六本木藝廊巡禮的時候可以一起逛逛。

展覽空間／PERROTIN ／六本木
地址 東京都港区赤坂 6-6-9 1F
電話 03-6721-0687
時間 11:00 ～ 19:00，週日、週一休
網址 www.perrotin.com
票價 免費

與書相遇的場所
文喫 六本木

美大時期總依賴大江戶線前往六本木，步行往返車站和森美術館的路上，一定會經過營業至深夜的青山 BOOK CENTER。青山 BOOK CENTER 六本木店於 2018 年熄燈時，許多書店愛好者都大嘆可惜，還好半年後進駐的「文喫 六本木」也算是用不同的方式繼承了實體書店的意志與使命。

經營文喫的 HIRAKU 是日本出版販售的子公司，身爲日本出版界的兩大通路商，致力於推廣書本的思考之下，文喫就此誕生。文喫的主要空間需要收取入場費，但並不限時，約三萬冊的藏書包含了人文、科學到藝術、設計等領域，都能隨意閱讀，同時也可以購買。飲食區的咖啡和茶可無限享用，如果肚子餓了，也有簡餐輕食能夠額外點單。

入口空間外側有著不定期策展的展覽區域及雜誌販售區可以免費入場，一直有在關注的設計師外山翔也曾經在文喫舉辦〈Atelier matic meets AKIU STONE 『発見』と『見立て』〉（Atelier matic meets AKIU STONE「發現」與「判斷」）展覽，他使用宮城縣仙台市秋保地區採集到的凝灰岩「秋保石」爲素材，由於凝灰岩是

入口空間外側的展覽空間。

供應飲品和簡餐輕食的飲食區。

雜誌販售區也可以免費入場購買參觀。

由火山灰堆積而成的，內部含有各式石頭、木片等沉積物形成的自然紋理，質地帶點粗糙，以此製作出的一系列異材質拼接家具及擺件都各有姿態，別具風味。

　　文喫認為，在書店裡最棒的時間，就是挑選書本的時候。網路時代，我們習慣於輸入關鍵字就找到想要的書，但在實體書店當中卻能有著更多不同的邂逅，這些不經意更能成為閱讀生活中的小驚喜。如果習慣早起，一早在美術館開門之前就先去文喫開啟六本木區域的一天，應該是很不錯的選擇！

複合式書店／文喫 六本木／六本木

地址　東京都港区六本木 6-1-20 六本木電気ビル 1F
電話　03-6438-9120
時間　9:00 ～ 20:00，不定休
網址　bunkitsu.jp
票價　平日 ¥1,650，假日 ¥2,530
　　　18:00 過後或平日早上優惠價 ¥1,100

六本木元老級的藝術大樓
AXIS ビル（AXIS Building）

　　早在前面藝廊都還沒集結到六本木之前，1981 年 AXIS 大樓（AXIS ビル）就選擇進駐了六本木。開幕當時就集結了許多一流的生活雜貨商店、藝廊、攝影棚、設計工作室、餐廳等，以「設計」為主軸展開的空間在當時算是走在時代的尖端，在國內外都創造出很高的話題性。AXIS 是一間多元的設計公司，希望能將設計帶入生活與社會，在推行設計情報上不留餘力，在 AXIS 大樓落成的同年開始就推出了介紹世界設計潮流的季刊《AXIS》。在大樓內開設的自家直營藝廊也是發信站之一，時常和各大美術大學或是公司單位合作舉辦展覽，之前造訪時遇上的是日本知名建設公司丹青社主辦的〈人づくりプロジェクト展〉（手作專案展），是丹青社每年都會實行的專案，讓新入社員在研修之後學習如何在和設計師、職人的溝通下完成一件家具，並將成果展出，在訓練新入社員的同時也將職人手作的重要性傳達給社會。

　　館內其餘的空間當中讓我印象深刻的，是位於地下一樓，販售織品的商店「NUNO」。當初是以「布」作為畢業製作研究主題的研究所同學帶我前往的，由織品設計師須藤玲子擔任

大樓入口處的名稱由鏡面組成。　　　位於 4 樓的 AXIS GALLERY。

展覽現場：〈人づくりプロジェクト展〉（手作專案展），2017 年。

總監，小小的店內擺滿了布料及其他的布製品，像是衣物、領巾、包包等。這些製品皆為日本製作，甚至所有的布料也都來自日本當地所剩無幾的染織產地，傳統工藝結合嶄新的素材與技術，除了一般消費者外，世界各地的美術館也紛紛將其列為收藏。如果想要對布料有更深的認識，很值得專程走一趟。

複合式空間／ AXIS ビル／六本木
地址　東京都港区六本木 5-11-7
電話　03-3587-2781
時間　依店舖而定
網址　www.axisinc.co.jp
票價　免費

總是帶有時髦氣息
CALM & PUNK GALLERY TOKYO

　　或許是因為注意到這個藝廊的第一個展覽就是以粉紅色兔子 Rose Bunny 聞名的韓裔插畫家 Esther Kim 的展覽，後續再看 CALM & PUNK GALLERY TOKYO 所舉辦的展覽總覺得就是比其他藝廊帶有恰到好處的流行感，有點清新，有點可愛，卻帶有一點小叛逆。就像是這次愛爾蘭新銳藝術家 Lucas Dillon 和 Russell Maurice 的雙人展〈Slow Vibration Atom〉（緩慢震動的原子），他們將作品視為傳達潛意識的道具，Lucas Dillon 繪畫，Russell Maurice 除了繪畫也製作雕塑，以此探討關於事物的失去及發現，或黑白或深沉或清新的用色交錯，不管是光看造型或是深究內在都是很有趣的一組作品。

● 誕生自多元文化的時尚寵兒 Esther Kim

Esther Kim 是在美國洛杉磯出生的韓裔美國人，青春期在東京度過，所以作品恰到好處的融合了美式的繽紛和日式的可愛，十分受到時尚人士歡迎，插畫常見於《NYLON JAPAN》等雜誌，筆下最有名的粉紅色兔子 Rose Bunny 也曾經陸續和日本品牌 W ❤ C 及韓國品牌 Chuu 合作，推出一系列服飾和周邊商品，在日韓兩地都受到少女們的熱烈搶購。

純白色的挑高空間和大量開窗襯映著作品。

從外頭就可以看見展示作品的樣子。

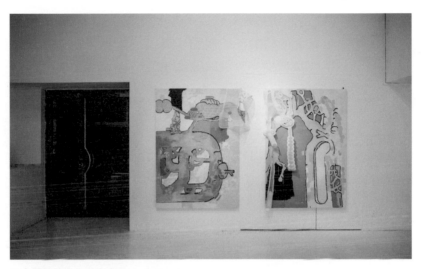

半立體的繪畫作品出自 Russell Maurice。

　CALM & PUNK GALLERY TOKYO 算是相較年輕的藝廊，成立於 2008 年。營運這個藝廊的公司除了藝術工作之外，也負責替創作者橋接，發行書籍、DVD，甚至 T-shirt 及生活雜貨等商品，或許就是多元的工作模式讓他們旗下的展覽也都充滿活力，是一個幾乎每一檔展覽個人都很喜歡的藝廊。

展覽空間／ CALM & PUNK GALLERY TOKYO ／乃木坂
地址　東京都港区西麻布 1-15-15
電話　03-5775-0825
時間　週三～週六 13:00 ～ 19:00（因展覽而定）
網址　calmandpunk.com
票價　免費

人、事、物與建築的關係
TOTO ギャラリー・間（TOTO GALLERY・MA）

　　TOTO 除了聞名世界的衛浴設備以外，和自身產品息息相關的建築設計也一直是他們關注的重點。爲了推行建築文化，他們在 1985 年設立了專營建築設計的藝廊 TOTO ギャラリー・間。時間、人物、地點的日文分別是「時間、人間、空間」，取三者共通的「間」字，成爲了 TOTO ギャラリー的名字。透過在這裡舉辦的展覽、演講與活動，TOTO 希望能讓觀展者更加理解建築的哲學與內涵。不只展出現在世界主流的歐美建築和日本建築，台灣建築師黃聲遠與他領軍的田中央聯合建築師事務所也曾在此展出〈Living in Place〉（活出場所）。作爲一個建築藝廊，TOTO ギャラリー・間每次展覽的看點之一就是他們會根據每個展重新規劃內部空間，使得展場本身也成爲展覽的一環，創造出更凝縮出展建築師思想和價值觀的展覽。

　　TOTO 在 1989 年也設立了出版社 TOTO 出版，發行關於建築、設計與生活文化的書籍，同時在 1995 年開始也與 TOTO ギャラリー・間連動，出版每一檔展覽的書籍，剛好錯過的展也可以用閱讀的方式補齊，讓資訊可以以更多面，更廣泛，更全球性的方式

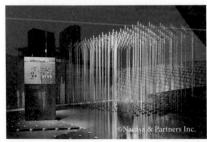

展覽現場：〈Fieldoffice Architects：Living in Place〉，TOTO ギャラリー・間，2015 年。

展覽現場：〈en: art of nexus─Homecoming Exhibition of the Japan Pavilion from the 15th International Architecture Exhibition - La Biennale di Venezia〉，2018 年。

流傳。身爲建築迷除了逛展之外別忘了多留些時間，因爲除了展覽之外，在同棟大樓內還有著 TOTO 出版的直營書店 Bookshop TOTO，除了自社書籍之外，建築與設計類藏書之豐富，很容易讓人進得去出不來啊！

展覽空間／ TOTO ギャラリー・間／乃木坂
地址 東京都港区南青山 1-24-3 TOTO 乃木坂ビル 3F
電話 03-3402-1010
時間 11:00 〜 18:00，週一、國定假日休
網址 jp.toto.com/gallerma
票價 免費

城南區　South Area

獨特生活感讓人流連忘返

以城分區是老東京人的習慣,「城」指的是江戶城,也就是現在皇居的位置,位處皇居以南的港區、品川區、目黑區、大田區是一般定義的城南區域,而一些不動產等業界也會將靠西邊的澀谷區及世田谷區分配進來。這些區塊除了隱身不少高級住宅區之外,人文氣息和商業設施都十分豐富,也難怪有許多地點都常駐「想居住的街道排行榜」前幾名。雖然大多離車站稍微需要走一小段路的距離,但是正好能透過散步多看看這個令東京人嚮往的區域呢!

從保存到展覽
WHAT MUSEUM

　　上次來到同一個地點時，這個建築物還稱作「建築倉庫」，而負責營運的寺田倉庫在 2020 年將空間脈絡重新梳理，以「打開倉庫，讓眾人一窺平常難得一見的藝術」爲概念，成立 WHAT MUSEUM，讓沉睡在倉庫內的各類藝術品以嶄新姿態呈現在大眾面前。

　　「WHAT」即爲「WareHouse of Art Terrada」的縮寫，寺田倉庫的主要業務之一爲運送和保存藝術品，「希望將保存和展覽這兩件事並行」，這個想法就是 WHAT MUSEUM 的起源。除了平面繪畫和立體雕塑之外，建築模型、攝影、錄像、文學、裝置等作品也都在 WHAT MUSEUM 的策展範圍內。參觀時也剛好遇上由藏家收藏所構成的展覽，作品陳列和整個空間區劃都精細又充滿氣勢，和當初倉庫的氛圍截然不同。

工作人員打開門後，暗房內可以看到建築倉庫的 logo。

空間內有著滿滿的白色展示架。

限研吾的小松精練 fa-bo 織料實驗室大樓模型。
〈Komatsu Seiren Fabric Laboratory Fa-Bo〉Kengo Kuma / Kengo Kuma & Associates

1. 許多寫著建築相關標語的配件和比例尺等原創商品，應該也會很受建築從業朋友歡迎。
2. 建築系畢業生忍不住就研究起了模型細部！
3. 展館本身的建築物也有著令人印象深刻的木構桁架。
4. 展覽現場：〈構造模型の魅力〉，2023。

展示架上的每個模型都受到良好的保存及展示。

　　搬遷至較高樓層的建築倉庫如同其名，接收世界各地建築師和事務所的建築模型，在儲存的同時，也展示其中的部分作品。5米高的暗房空間之內設置了大量的白色展示鐵架，上面擺滿了約600座建築模型，並且每一個展示架都在模型的四周設置 LED 燈，講究的光線更凸顯了模型的魅力。事隔五年訪問，由於模型保存狀態實在太好，忍不住詢問了工作人員模型是否有重製，答案是沒有，與五年前是同一個！模型大部分使用木材或紙材製作，為此特別選用不易使模型因熱變形，也不容易使模型褪色的 LED 燈，另外為了讓溫度濕度隨時控制在最適合保存模型的狀態，也和相關單位攜手研究，希望能在這個模型博物館，把模型長久地傳承下去，並發送給全世界。

　　在台灣讀建築的時候，老師不喜歡我們製作五顏六色的材質模，或許是認為這樣會模糊了對設計本身的焦點。到了日本之後才發現，原來日本製做模型時習慣製作的比例較大，因此更重視模型的細節，使用的素材也傾向能反映實際的建材，使得模型樣式變得多元而有趣。對於建築系學生和相關從業人員來說，從概念模、草模、結構模、基地模到正式的模型，都是完成一件作品的必經之路，從中不只能看見製作精巧的手工，也能看見設計者的思考過程。

　　其中特別喜歡的是已故建築師小嶋一浩和赤松佳珠子（CAt）所製作的模型，流山市立大鷹之森中小學的案子有別於一般模型，選用透明的壓克力材質，也不製作外牆，為的是可以更清楚地理

CAt 的流山市立大鷹森中小學校、大鷹森中心、兒童圖書館模型。
〈Nagareyama Otakanomori Elementary and Junior High School, Otakanomori Center, Otakanomori Children's Library〉Coelacanth and Associates

解活動與空間的關聯性。室內的風景和小桌椅顏色鮮豔精巧，學校敷地的森林則使用多種乾燥花草植物代表，其他還可以看到許多模型小撇步，很值得建築人來到此偷學幾招。就算不懂建築，或許也能透過不同的角度開啟更多對空間的想像。

美術館／ WHAT MUSEUM ／天王洲アイル

地址 東京都品川区東品川 2-6-10
電話 03-5769-2133
時間 11:00 ～ 18:00，週一休
網址 what.warehouseofart.org/zh_tw/
（入館需提前上網預約購票）
票價 企劃展 ¥1,500，建築倉庫 ¥700，套票 ¥2,000

以竹簾編織的膠彩世界
PIGMENT TOKYO

　　PIGMENT TOKYO 所在的天王洲アイル（天王洲島）對一般人來說可能是較不熟悉的區域，在近年漸漸發展起來之前我也只去過一次，目的是到天王洲銀河劇場看舞台劇。但 2015 年開始，寺田倉庫開始在天王洲アイル做起藝術開發，陸續在原本的保存倉庫外開設了許多藝術相關空間，PIGMENT TOKYO 就是其中之一。

　　PIGMENT TOKYO 販售的是日本畫的畫材，也就是台灣稱作「膠彩」的作畫形式。以竹簾爲設計概念的空間設計則由隈研吾操刀，同樣使用竹子做素材，但展露出和根津美術館不同的空間表情，有機的曲線包覆天花板，和部分牆面交織，更襯托出這個空間的美。一般的膠彩以動植物所提煉的膠爲基底，再以水調和進天然礦石研磨而成的粉末內作爲畫材，而 PIGMENT TOKYO 除了集合各式的膠、硯台、木框、畫紙、畫筆之外，最吸睛的就是從傳統素材到科學萃取的近 4,500 種顏料，五顏六色閃耀著光澤，裝在玻璃瓶子裡展現的漂亮漸層讓人忍不住想拍照留念。PIGMENT TOKYO 活用顏料和畫筆陳列的方式跳脫一般畫材行或藝品店，聚焦商品本身的同時也帶出材料的美。

以竹製曲線包覆的外牆。

有大有小的畫筆也成爲空間的裝飾。

map

店內共有 4,500 色的顏料，和曲線竹簾天花的合奏非常吸睛。

美術用品店／PIGMENT TOKYO ／天王洲アイル

地址 東京都品川区東品川 2-5-5
電話 03-5781-9550
時間 11:00 ～ 19:00，週一休
網址 pigment.tokyo

| 展覽空間 |

舊倉庫變身新生代藝廊聚集地
TERRADA ART COMPLEX

　　走在天王洲島隨處可見寺田倉庫的企業 logo，這些空間大部分是寺田倉庫用來執行旗下主要保管業務所需的倉庫，範圍遍及藝術品、媒體、貴重品、酒類等物品。近年致力於藝術業務的寺田倉庫也在 2016 年重新整修自家倉庫，催生了集合多家藝廊的 TERRADA ART COMPLEX I，接著 TERRADA ART COMPLEX II 也在 2020 年落成，外觀和整體配置大致上都還留著倉庫時期的風貌。

　　TERRADA ART COMPLEX I　內的 SCAI PARK　和 KOSAKU KANECHIKA 自 2017 年進駐至今，SCAI PARK 由谷中知名藝廊 SCAI THE BATHHOUSE 開設，在 TERRADA ART COMPLEX I 改裝的同時，SCAI THE BATHHOUSE 也在這個空間成立了結合藝廊和倉庫的 SCAI PARK。他們認為即使是一樣的作品，改變觀看空間及方式也會有不一樣的體驗，主要展出的旗下藝術家包含了在直島設有美術館的李禹煥、以玻璃珠鹿聞名的名和晃平等知名藝術家，展覽作品大多架設在走廊上也能看到的位置，讓大家直接透過玻璃窗即可觀賞。KOSAKU KANECHIKA 的總監舘鼻則孝

TERRADA ART COMPLEX II 的外觀，
一旁附設有咖啡廳空間。

展覽現場：〈日本の美術工芸を世界へ
特別展　ひかりの底〉，2023 年。

TERRADA ART COMPLEX I

1. 展覽現場：〈日本の美術工芸を世界へ　特別展　ひかりの底〉，2023 年。
2. 4 樓的保稅藝廊空間 BONDED GALLERY。
3. 陶藝家橋本知成擅長的玉蟲色作品。
4. TERRADA ART COMPLEX I 已經褪去倉庫的樣貌，連戶外休息區都充滿綠意。

出身自小山登美夫畫廊，自身也是藝術家的他在開幕時也舉辦了自己的個展。

　這次訪問 TERRADA ART COMPLEX II 時則造訪了 BONDED GALLERY，BONDED GALLERY 是寺田倉庫旗下的保稅藝廊空間，由於可以暫時豁免關稅，對於海外的藏家來說是更有吸引力的優勢。當時展出的〈日本の美術工芸を世界へ　特別展　ひかりの底〉（歡迎來到日本美術工藝的世界　特別展出　光之底）齊聚了六位不同領域的藝術家作品，一直關注的新銳陶藝家橋本知成也在其中。他擅長使用氧化金屬做出被稱爲「玉蟲色」的金屬偏光色澤，京都人氣立食蕎麥麵店「suba」的立食吧台也是出自他的手筆，大型的幾何作品擺設在純白色的空間當中特別具有視覺張力。

　TERRADA ART COMPLEX I 與 TERRADA ART COMPLEX II 就坐落在隔壁街廓，步行距離不到 100 公尺，齊聚的藝廊風格多元，都有著自己的個性，是可以一次瀏覽大量藝術家作品的好機會。

展覽空間／TERRADA ART COMPLEX ／天王洲アイル
地址　東京都品川区東品川 1-33-10
　　　東京都品川区東品川 1-32-8
時間　週日、週一休，詳細開館時間依展覽而定
網址　terrada-art-complex.com
票價　免費

美術館本身即是藝術
東京都庭園美術館

　　東京都庭園美術館建造於 1933 年，是曾旅居法國的皇族夫妻朝香宮家的私人宅邸。當時法國正處於裝飾藝術運動的全盛時期，深受吸引的朝香宮夫妻委託法國藝術家 Henri Rapin 打造主要空間的室內設計，建築則由日本政府宮內省（即現在的宮內廳，主要負責天皇及皇室、皇宮的事務）的建築師権藤要吉負責，是融合了當時日法第一線技術所打造的裝飾藝術運動代表性建築，也是日本國家指定的重要文化財之一。

　　曾在 2011 年休館大幅改建，東京都庭園美術館已經於 2014 年重新開幕，修復了許多珍貴且極具象徵意義的物件，讓美術館更貼近當初的時代。東京都庭園美術館在企劃展之外，還經常舉辦關於裝飾藝術運動，或是介紹自身建築的建物公開展，讓大家在理解其背後的歷史之後，能更投入的享受裝飾藝術的空間，彷彿重回璀璨而經典的年代。

本館的 2 樓大廳。

由杉本博司擔任設計顧問的新館。

1. Joseph Jules Emmanuel CORMIER, manufactory: Sèvres manufactory，〈Woman and Child〉，1931 年。
2. 充滿細節的本館建築立面。

展覽現場：〈裝飾の庭 朝香宮邸のアール デコと庭園芸術〉，2023 年。

1. 由 Henri Rapin 率領的藝術家團隊所親手繪製的壁畫。
2. 樓梯轉角也充滿復古風情。
3. 本館頂樓的 Winter Garden 空間。
4. 庭院中雕刻家安田侃的作品〈風〉。
5. 展覽現場：〈装飾の庭 朝香宮邸のアール デコと庭園芸術〉，2023。

map

　　此外腹地廣大的美術館庭園也是不可錯過的重點，同時可欣賞到西洋庭園和日式庭園，看展之餘也可享受依照四季更迭，被悉心照顧的櫻花、新綠及楓紅。而位於本館旁的新館建於 2013 年，由活躍於多個領域的寫眞家杉本博司擔任設計顧問，簡潔具穿透感的建築，企劃展目前多於此舉辦。參觀時可以多預留些時間，因爲有太多細節可以細細品味，待上半天也不覺得無聊。

● 從新藝術到裝飾藝術運動

　　19 世紀末期，由法國開始發展的新藝術運動（Art Nouveau）席捲了歐洲，與復古的新古典主義、歷史主義風格不同，新藝術運動廣泛使用由自然元素轉化的語彙，像是花卉、植物、曲線等有機形式，影響的範圍遍及建築、家具、器皿及畫作，西班牙建築師安東尼‧高第就是代表性人物之一。直到時序進入 20 世紀，1920 年代現代工業開始發達，或許是被這樣的社會影響，以及對於過度裝飾的新藝術運動造成的反動，裝飾藝術（Art Deco）就此誕生，主張摩登而流線的幾何之美，從巴黎開始發揚至全世界，曾爲時尚品牌 Saint Laurent 打造經典 YSL logo 的 A.M. Cassandre 當年繪製的海報就是極經典的裝飾藝術運動作品，爲大眾所熟知的小說《The Great Gatsby》（大亨小傳）也是以此時代爲背景。

美術館／東京都庭園美術館／目黑

地址　東京都港区白金台 5-21-9
電話　050-5541-8600（代表號）9:00 ～ 20:00
時間　10:00 ～ 18:00，週一休
網址　www.teien-art-museum.ne.jp
票價　依展覽而定

品味極佳的精緻私藏小店
Wellk

　　Wellk 是周遭的咖啡廳通友人們一致推薦，收進清單許久但卻一直遲遲未造訪的店家，長期追蹤 wellk 的社群網站，對於餐點和舉辦活動的好品味都十分嚮往。wellk 剛好位在目黑和惠比壽之間，交通稍嫌不便，這次和久未見面的友人在逛完東京都庭園美術館後一邊聊天一邊慢慢散步前往，雖然花了大概 30 分鐘，但在微涼的秋天並不覺得特別辛苦。

　　穿過鐵道和住宅區，面對大馬路開著大面落地窗的一樓是單純販售飲品及烘焙點心的系列店 taik，如果想要享用輕食餐點，就得從一旁爬上樓梯，來到位於二樓的 wellk。因為套餐非常划算，放眼望去店裡大部分的客人都是選擇包含了主餐、麵包、甜點和飲料的 Set B。我們點了千層麵和里昂沙拉當主菜，甜點則是蒙布朗和檸檬蛋糕，蒙布朗特別使用博士茶凍為基底，加上海綿蛋糕、鮮奶油和栗子慕斯，層層疊疊以不同方式詮釋了不同一般的蒙布朗滋味。不定期更換的甜點從口味到視覺都精緻可愛，隨麵包附上的焦糖醬更是讓我忍不住沾個精光！

下午離開前蛋糕展示台已經幾乎空了。　店家特製的蒙布朗和檸檬磅蛋糕。

午間套餐分量飽足又划算！

　　吃飽後我們決定反方向繼續往惠比壽前進，不到 10 分鐘就抵達了惠比壽花園廣場。馬上決定下次如果要到東京都寫眞美術館看展，就是再訪 wellk，或是樓下 taik 的時候了！

咖啡廳／ wellk ／目黒
地址　東京都目黒区三田 2-5-11 吉田ビル 2F
電話　03-6303-2411
時間　週一～週五 10:00 ～ 18:00
　　　週六、週日 8:30 ～ 17:00
網址　wellkstatt.com

設計家具就該充滿藝術性
SOMEWHERE TOKYO

　　曾經在朋友的照片中看過 SOMEWHERE TOKYO 舉辦的義大利傳奇建築師暨工業設計師 Ettore Sottsass 展覽〈SOTTSASS〉，除了對 Ettore Sottsass 大膽鮮豔的作品留下深刻印象外，也對位於惠比壽的這家設計家具展場產生了好奇心。

　　藏身小路裡的 SOMEWHERE TOKYO 並不好找，僅有一塊小小的立板招牌作為標記，店面看似不大但收藏精彩，老闆佐藤直樹在設立 SOMEWHERE TOKYO 之前就是個收藏家，以 60 年代至今，藝術性大於實用性的後現代設計家具為主，像是前面提到的 Ettore Sottsass 及他創立的品牌 Memphis Milano，以及極具盛名的日本設計師倉俁史朗的作品。

　　佐藤直樹認為設計家具不該只是停留在注重機能的量產化階段，擁有藝術性才能更凸顯其存在的價值。但這樣的市場在日本顯得小眾，日本收藏家大都放眼歐美，反倒是歐美客人自己找上門來，一些經典品項的銷售不錯，但他更傾力於將寺山紀彥、井上隆夫、h220430、ARKO 等更新一輩日本藝術家的作品推廣出去。為此他時常在店內空間策劃展覽，將符合主題的作家作品一次展出，希望

日本藝術家 ARKO 的草編作品。

桌上的透明花器和鬼魂燈具都是倉俁史朗的作品。

Ettore Sottsass 的作品鮮豔且辨識度極高。

透過這樣的方式創造更多與人的相遇。就算沒有展覽依然很推薦造訪 SOMEWHERE TOKYO，不過平日需預約，別忘了先寄封 e-mail 給老闆打聲招呼！

設計家具展場／ SOMEWHERE TOKYO ／恵比寿

地址　東京都渋谷区恵比寿南 2-7-1
電話　03-6452-2224
時間　週五～週日 13:00 ～ 19:00、週一～週四採預約制：
　　　info@somewheretokyo.com；展覽期間開放時間依展
　　　覽而定，請透過官方 Instagram 帳號確認
網址　www.somewheretokyo.com
票價　免費

| 書店 |

一場場關於書的展覽
POST

　　POST 和 SOMEWHERE TOKYO 位於同一條路上，離開前 SOMEWHERE TOKYO 的老闆問我知不知道 POST，我馬上回答「知道！住在日本時就去過，等一下也會再過去拜訪！」老闆笑著說「果然大家的行程安排都是這樣啊～」

　　POST 以未經加工的木材、或是廢棄木箱再利用製成展示架，乾淨卻帶有粗糙感的質感非常符合 POST 給人的形象。店內販售許多一般書店從未見過的國內外寫真書、獨立印刷物，而且販售方式十分獨特，他們會訂定主題，定期將整家店裡的書全數更換。主題大多圍繞民眾較不熟知的外國出版社，展示區一次僅擺放一個出版社的書籍，充分展現出版社的世界觀。比起販賣書籍，更像是一場場關於書的展覽。

　　書店深處另外設有展示空間，時常舉辦以攝影為主的展覽，以及與藝術書籍相關的座談會等，是日本藝術青年的聚集聖地。就算無法每個主題展都報到也沒有關係，POST 的網站非常別緻且厲害，除了店內擺設的出版社主題之外，還有網路限定以書籍裝幀設計師

造訪時未開放的展示空間就在隔間後。　　木製展示架上將書都以封面呈現。

像是白色小木屋一般的 POST。

為主題的 SPOT 專頁，兩者都詳細的列出日英語介紹，每個主題都
會設定不同的主題色，加上書與書的擺放排列讓畫面看起來宛如藝
術，甚至還可以透過滑鼠移動及翻頁，每次打開網頁都在心中驚嘆
不已！對外國藝術書籍有興趣的話別忘了馬上把網站加到最愛定時
複習呀。

書店／ POST ／恵比寿
地址 東京都渋谷区恵比寿南 2-10-3
電話 03-3713-8670
時間 11:00 ～ 19:00，週一休
網址 www.post-books.jp

近距離觀看影像藝術
東京都写真美術館

　　惠比壽的地標性建築物之一就是惠比壽花園廣場了，少女漫畫和改編日劇《花より男子》（流星花園）裡，道明寺和杉菜初次約會的集合地點就是惠比壽花園廣場的時鐘廣場。腹地內除了惠比壽啤酒紀念館、惠比壽三越百貨、東京威斯汀酒店、法國名廚 Joël Robuchon 的餐廳之外，還有全日本唯一一間專門展示攝影及影像作品的美術館：東京都写真美術館。

　　1995 年，惠比壽花園廣場落成於原本啤酒的工廠用地上，翌年東京都写真美術館開幕，期間經歷整修閉館，又在 2016 年秋天重新開幕。花了 2 年的時間除了整修建築物本身之外，也調整了原本以黃色漢字書寫，略有時代感的 logo，改以前衛的純白英文 logo 呈現。美術館作為日本的唯一收藏量豐富，總件數超過了 34,000 件，其中不乏具有珍貴價值的作品。總計 3 間展覽室經常舉辦收藏展與企劃展，此外 1 樓還設有實驗劇場，提供新銳導演發表作品的平台。從 2009 年開始，每年二月都會舉辦的「惠比寿映像祭」也是東京都写真美術館很重要的活動之一，大約兩週的時間以展示、播映、演講、座談等多元的模式進行，甚至將範圍擴及到整個惠比壽的其他空間，讓平常不常接觸影像藝術的民眾也能感受其魅力。

《花より男子》（流星花園）裡經典的集合時鐘廣場。

美術館商店是出自 NADiff 系統的 NADiff BAITEN。

整修後的入口，走黑白簡約路線。

　　多年前探訪的時候東京都写眞美術館尙未整修，印象和現在冷調俐落的風格不同，顯得較爲復古溫潤。曾在 2012 年觀賞川內倫子展〈照度 あめつち 影を見る〉（照度 天地 見影），當時她已小有名氣，一般對她作品的印象就是極富透明感，但這個展覽以光影、生死爲主題，優美呈現陰鬱與光明層面之美。在美術館不透過螢幕，以肉眼直接接觸銀鹽粒子，包含整個場域空間的塑造，得到的感動依然無法取代。或許有人會懷疑，在網際網路盛行的現代，只要幾個按鍵就能搜尋出想看的作品，那是否還需要這樣的空間呢？我的答案是肯定的。

美術館／東京都写真美術館／惠比寿

地址　東京都目黑区三田 1-13-3 惠比壽花園廣場內
電話　03-3280-0099
時間　10:00 ～ 18:00、週四、週五 10:00 ～ 20:00，週一休
網址　topmuseum.jp
票價　依展覽而定

帥氣的生活才是王道
P.F.S. PARTS CENTER

　　「比起帥氣的家具，更應該帥氣的生活」是 Pacific Furniture Service 打出的口號。Pacific Furniture Service 縮寫 P.F.S.，成立於 1988 年，當時日本正值泡沫經濟全盛期，大家都崇尚華麗貴氣的風格，創立者石川容平大學畢業後曾任職大型家具店，在對大量生產抱持著疑問的同時，也在市面上遍尋不著自己想要的家具，最後決定自己創立公司設計販售，發展至今已成為元老級的家具名店。

　　P.F.S. 旗下有兩家店，本店販售自家設計的家具，以及進口生活雜貨，同時也執行家具和空間業務；另一家分店 P.F.S. PARTS CENTER 則為更追求完美的人開設，除了本店也有的商品之外，P.F.S. PARTS CENTER 販售各式零件，像是開關、手把、掛鉤、鐵架等等，適合喜歡 DIY 的人們尋寶。和學設計的台灣朋友們出沒在日本街道和商業空間時，曾經討論過為什麼日本的建築物總顯得比較精緻，深入觀察後原因就是出在細節，從外觀的遮雨棚到室內的五金，日本本來就有著謹慎細緻的民族性，自然在細節設計上更加講究，更提升了整體的品味。好的設計不需要追求流行，而是歷久彌新。想要打造理想的帥氣生活，就別忘了來一趟 P.F.S. PARTS CENTER，從小地方開始下工夫吧！

白色鐵皮搭起的外觀帥氣而顯眼。　可以自己 DIY 木桌的金屬桌腳夾。

店外堆滿了各式不譁眾取寵的椅子。

家具店／ P.F.S. PARTS CENTER ／恵比寿

地址　東京都渋谷区恵比寿南 1-17-5
電話　03-3719-8935
時間　週一、週四、週五 12:00 ～ 19:00、
　　　週六、週日、假日 11:00 ～ 19:00，週二、週三休
網址　pfservice.co.jp

美術館商店的主導者
NADiff A/P/A/R/T

　　曾在表參道有多年歷史的 NADiff 在閉店後，在 2008 年轉移到惠比壽以 NADiff A/P/A/R/T 的型態全新開幕，主要販售關於當代藝術及攝影的國內外書籍，以及藝術週邊商品等等。惠比壽的街道似乎特別容易讓人迷路，被住宅和辦公大樓圍繞的 NADiff A/P/A/R/T 大概也知道自己很難找，於是也在附近的電線桿上設置了不少指標。如果你跟著 google map 走到附近卻不得其門而入的話，別一直盯著手機看，抬頭照著路標指示很快就會找到一棟以銀灰色鐵網為主體的建築物，那就是 NADiff A/P/A/R/T。

　　NADiff A/P/A/R/T 的內部空間是建築師長坂常早期的作品，他近年來以 Blue Bottle Coffee 的店鋪設計聞名。以純白色為基底，搭配部分淺木色書櫃和水泥地板，冷調和溫暖的材質互相中和後的空間顯得中性，書本才是主角。白色螺旋梯之下的 B1 是一個展覽空間，每年舉辦十餘場展覽，併設的講座或活動則會回到 1 樓空間舉辦，充分活用整體空間推廣藝術文化。特別喜歡 NADiff A/P/A/R/T 的選書品味，還有不時企劃的手作商品展，保有藝術氣息的同時也混入年輕的潮流次文化，讓藝術書店顯得不那麼高不可攀。

極具個性的金屬感外觀。

好幾個滿滿書櫃的藏書量超級可觀。

剛好碰到音樂活動，DJ 檯設置中。

　　有趣的是 NADiff 還有很多分店都以美術館商店的方式進駐各大美術館，像是前面曾介紹過的東京都写真美術館的 NADiff BAITEN、Bunkamura 的 NADiff modern、Tokyo Opera City 的 gallery 5，以及東京都現代美術館的 NADiff contemporary，東京之外水戶藝術館和愛知藝術文化中心的美術館商店也都是由 NADiff 操刀，NADiff 會依照各美術館調整擺設書籍與商品的特性，並讓整體風格符合該美術館，就算接連逛了兩個地方也不會覺得膩。

　　同棟大樓還有 2 樓的攝影藝廊 G/P Gallery 和 3 樓專營現代藝術的藝廊 MEM，別忘了一起去探訪！

書店／ NADiff A/P/A/R/T ／惠比寿
地址 東京都渋谷区恵比寿 1-18-4
電話 03-3446-4977
時間 12:00 ～ 20:00，週一休
網址 www.nadiff.com

| 咖啡廳 |

以咖啡連結人與人的存在
ONIBUS COFFEE

　　不只在日本，ONIBUS COFFEE 連在台灣咖啡界都頗具名氣，2017 年 Culture & Coffee Festival in Taipei 開辦開始每年都會來台設攤，2023 年也正式進駐台灣，在台北開設了分店。除了中目黑外，鄰近區域的八雲、奧沢、自由之丘，澀谷神泉及設計旅館 alldayplace 一樓的 ABOUT LIFE COFFEE BREWERS 也是 ONIBUS COFFEE 旗下的咖啡廳，另外他們自家烘焙的咖啡豆也提供給許多餐廳及咖啡廳。如此廣泛的延伸觸角就是為了實踐他們希望與人交流的宗旨，「ONIBUS」是葡萄牙語，意指公共巴士，語源上也有著「為了眾人」的意義，希望透過親手將咖啡或豆子親自交到客人手上，成為聯繫人與人的所在，ONIBUS COFFEE 才以此命名。

　　中目黑的 ONIBUS COFFEE 離車站極近，背後有著電車線路，側邊有著公園，熱鬧的氣氛使得 ONIBUS COFFEE 更有生活感。翻修自原本的兩層樓日式老宅，ONIBUS COFFEE 選擇保留了部分日式風情，外牆的大谷石和室內的常滑燒磁磚牆更凸顯了整體質感，坐在一旁種滿植物的戶外空間，不只可以享受咖啡，同時還能享受現場咖啡烘焙機傳來的香氣。咖啡豆本身當然也是 ONIBUS COFFEE

使用多種日本傳統材質翻新日式老宅。

ONIBUS COFFEE 習慣在手沖過程用湯匙攪拌。

map

屋內設置了烘豆機，一直馬不停蹄烘豆中。

十分重視的地方，由產地直接貿易並自家烘焙，喝過幾次後覺得
ONIBUS COFFEE 最擅長的是帶有酸味，從淺焙到中焙的豆子，保
留果酸調性，呈現明亮的花果酸香及甘醇餘韻。如果遇到了喜歡的
咖啡豆，也可以整包購買回家唷！

咖啡廳／ONIBUS COFFEE ／中目黑
地址 東京都目黑区上目黒 2-14-1
電話 03-6412-8683
時間 9:00 ～ 18:00，不定休
網址 www.onibuscoffee.com

展現季節感的餐桌
HIGASHI-YAMA Tokyo

中目黑的住宅區隱身在河岸的另一側，往池尻大橋方向延伸的東山區域聚集許多高級住宅，HIGASHI-YAMA Tokyo 靜謐的佇立其中，低調以空心花磚和水泥砌起的外牆也讓人很難聯想這裡是一家餐廳。HIGASHI-YAMA Tokyo 和位於表參道的櫻井焙茶研究所（P107）由同一集團營運，由日本知名設計公司 SIMPLICITY 所打造的內裝帶有一貫的和洋混合風格，細緻運用傳統木石和現代金屬的手法非常絕妙。店內提供運用當季食材的料理，重視從空間到器皿的整體呈現，就是為了要讓人們更能享受食的愉悅。

HIGASHI-YAMA Tokyo 目前的營運以舉辦講座為主，內容包含了食、茶、菓、調、酒五大類，以現代手法重新詮釋，讓大眾親身體驗日本文化。另外每個月也會有幾天以餐廳方式營業，詳細日程都能透過官網確認及預約。

之前曾在 HIGASHI-YAMA Tokyo 有過很棒的用餐體驗，座位分有一般桌席或是吧台席，桌席能夠專心享用料理，而吧台座位可以窺見廚房精彩的烹調手法，兩者都很吸引人。享用的餐點從前菜的

店內也有提供茶飲的茶房空間。

南蠻魚套餐酸香開胃，一下就被一掃而空。

以白色爲基調的店內沉穩高雅。

八種拼盤開始就十分精彩，充滿季節感的食材和鮮豔的配色，誘人食慾。主菜南蠻魚是裹上薄粉油炸後淋上酸甜醬汁的料理，搭配精緻的醬菜盤、味噌湯和白飯，簡單的調味下肚後卻讓人充滿元氣，深深感受到好好地吃一頓飯是多麼重要的事，附上的甜點也不意外地美味。旅途中偶爾想離開鬧區安靜地吃一頓飯，營業時間又能對上的話，HIGASHI-YAMA Tokyo 會是很好的選擇。

餐廳／HIGASHI-YAMA Tokyo ／中目黑
地址　東京都目黑区東山 1-21-25
電話　03-5720-1300
時間　午餐 11:30 ～ 15:00，週日、週一休；
　　　晚餐 18:00 ～ 24:00，週日休
網址　higashiyama-tokyo.jp

把「最愛」集合到一家店裡
OFS.TOKYO

　　說起喜歡的日本設計師，絕對會提起的就是由植原亮輔及渡邉良重在 2012 年組成的設計團體 KIGI。2015 年，KIGI 在白金開設了販售自創商品的商店兼展覽空間「OUR FAVOURITE SHOP」，2023年商店搬遷至目前的所在地池尻大橋，重新以 OFS.TOKYO 的名字營運。

　　KIGI 的活動範圍極廣，從品牌策劃、插畫、平面設計到產品設計等層面都能見到他們的作品，像是由渡邉良重繪製插畫的人氣伴手禮品牌「AUDREY」及「Tartine」、DRAFT 旗下品牌「D-BROS」的收摺式花瓶，還有由摺紙發想，與滋賀信樂當地製陶所「丸滋製陶」合作開發的輕量陶器系列「KIKOF」，而這間 OFS.TOKYO 就集合了大部分他們經手的商品。可以在一個空間當中看到大量的KIGI 作品，對於 KIGI 迷來說非常過癮。反覆翻閱了渡邉良重繪製的繪本《ジャーニー》（旅程）和不定期發行的官方雜誌《KIGI_M》，考慮行李重量和實用性，最後選擇先帶走由植原亮輔設計的月曆。

以音樂及平面設計為主題的展覽，
以唱片、海報、影像等方式展出。

架上的 KIKOF 陶器系列
及官方雜誌。

展覽現場：〈音楽とグラフィック #002〉，2023 年。

　　OFS.TOKYO 除了商品販售、展覽之外，每週五晚上也會化身小酒館，提供自然酒、藥膳酒等酒類，也有些自製下酒菜可以搭配，感覺就是如同店名，真的把喜歡的東西都收進這個空間了。如果改天留下來喝一杯的話，或許有機會碰到 KIGI 的兩位設計師本人也不一定！

複合式商店／ OFS.TOKYO ／池尻大橋
地址 東京都世田谷区池尻 3-7-3
電話 03-6677-0575
時間 12:00 ～ 20:00，週二、週三休
網址 ofs.tokyo

找出廢棄物的新生命
PUEBCO SANGENJAYA

PUEBCO 成立於 2007 年，對許多日系雜貨迷來說已經是個不陌生的品牌。但得知 PUEBCO 在 2023 年搬遷店址，原本位於三宿的 1 樓店面和三軒茶屋 2 樓的辦公室互相對調機能，不禁好奇起新店面的樣貌，於是從 OFS.TOKYO 步行了一小段前往。PUEBCO SANGENJAYA 位於池尻大橋和三軒茶屋之間的大馬路旁，1 樓沒有明顯的招牌，來回走了幾趟才按照官方 Instagram 的指示找到 1 樓是佐川宅急便的大樓。

爬上 2 樓打開大門，不同於以做舊木櫃為主體的舊店，新店面的主要空間以較為冷調的金屬及玻璃櫃構成，櫃內除了展示商品外，也以略帶詼諧的文字說明商品的由來。一旁的門後通往收銀台的路上則擺放了大量的金屬層架，分門別類地陳列大量商品。

PUEBCO 最大的特色，就是大部分的商品皆由主理人田中裕高親自走訪世界各地，尋找有趣的靈感及廢棄物，重新以符合現代實用性的方式再製，賦予其新生命的同時，也能壓低價格，外觀也獨一無二。這次帶走了一個試管形狀的一輪插花瓶，以及使用潛水衣布

金屬層架上的商品種類多元。

主要空間展出的各式奇特商品
與帶有幽默感的介紹。

空間雖然冷調，但陳列的商品充滿溫暖手感。

料製作，跳色內裡的立體收納包。店員使用了類似米袋材質再製的
提袋替我包裝，從這些細節也深刻地體驗到了品牌的魅力。若沒有
時間特地走到三軒茶屋，在澀谷也能去 PARCO 店逛逛喔！

複合式商店／ PUEBCO SANGENJAYA ／三軒茶屋
地址 東京都世田谷区太子堂 1-4-26 K-1 ビル 2F
電話 03-6303-2411
時間 11:00 ～ 19:00，不定休
　　 詳細開放時間請參考官方 Instagram
網址 puebco.com

貼近生活的公園美術館
世田谷美術館

　　上次前往世田谷美術館已經是 2017 年的事了。當時日本友人們說著想去世田谷美術館看 Eric Carle 的展覽〈The Art of Eric Carle〉，他以繪製繪本《好餓的毛毛蟲》聞名。除了親眼看見原畫上顏料和拼貼的作畫質感之外，也清楚記得和友人們步行穿越砧公園，經過小朋友們踢著足球的球場，然後在公園裡吃冰聊天的那個午後。

　　世田谷美術館開幕於 1986 年，位在都立的砧公園一角，美術館建築可以說是建築師內井昭藏的代表作，大量運用三角形與正方形等幾何形狀塑造細節，他也透過設計建造世田谷美術館的過程去重新認識自己對建築的看法，書寫成《健康な建築》（健康的建築）一書。相較於一般美術館的封閉性，世田谷美術館與公園融合並開放，展示室的弧形開窗引進公園綠意做為作品背景，不管看什麼都顯得舒心。

　　而世田谷美術館近期最具討論度的展覽，非〈倉俁史朗のデザイン—記憶のなかの小宇宙〉（倉俁史朗的設計—記憶中的小宇宙）

攝影：奧村浩司

位於公園內的美術館外觀。　　　　　　整面開窗為扇形展示室導入自然光線。

攝影：滔忠之

攝影：滔忠之

攝影：滝忠之

攝影：滝忠之

攝影：滝忠之

1. 由方形與弧線交織成的大廳。
2. 展覽現場：〈倉俁史朗のデザイン─記憶のなかの小宇宙〉，2023 年。
3. 使用三角形構件的天橋。
4. 陽光照在倉俁史朗的作品上閃閃發亮。
5. 能夠稍作歇息的中庭水景空間。

莫屬。倉俁史朗身爲二十世紀日本的代表性設計大師之一，但曾舉辦的展覽卻並不多。以人造玫瑰和壓克力構成的椅子〈布蘭奇小姐〉已經設計逾三十多年，至今欣賞仍覺得現代而前衛，這次展覽也使用了這張椅子作爲主視覺，除了實際展出椅子本身之外，也同時公開了草圖、日記以及私人收藏等珍貴資料，藉此更深入的了解大師的思考與世界。

● 透明的日本詩意之美

倉俁史朗是日本家具設計史上不得不提的重要人物之一，身爲室內設計師，倉俁史朗的作品包含商業空間、家具及燈具雜貨等，可惜的是目前商業空間幾乎均已不復存在。他的設計圍繞「夢心地（宛如夢境）」這個主題，融合極簡元素及東方美學觀點，使用透明或半透明的素材打造出的浮遊感是倉俁史朗的特色，這樣的風格至今仍對日本設計界有極大影響力，同樣擅長操作透明素材，爲三宅一生打造多個店面的設計師吉岡德仁就是出身自倉俁史朗設計事務所。

美術館／世田谷美術館／用賀

地址 東京都世田谷区砧公園 1-2
電話 050-5541-8600
時間 10:00 ～ 18:00，週一休
網址 www.setagayaartmuseum.or.jp/zh-cn/
票價 依展覽而定

喜歡逛街購物的朋友到了東京想必一定不會錯過原宿表
參道一帶，從街頭潮流、二手古著、少女流行到高端精品
應有盡有，不管是喜歡哪種風格一定都能滿載而歸。說起
這個區域，讓喜歡藝術設計的人最津津樂道的，大概就是
國內外知名建築師設計的品牌建築了，但其實在眾多商業
空間裡，還有為數不少的藝術設施也散布其中，非常適合
一邊逛街一邊去探險，物質與心靈同時得到滿足！

Area 3

表參道　Omotesando

一邊逛街一邊吸收美感養分

大大螺旋圍繞起的藝術場域
Spiral

在表参道和青山通り的十字路口附近，有一棟白色方格構成的建築物，仔細觀察後會發現它使用了許多正方形、圓形、正三角形、圓錐形等幾何元素，拼貼出看似簡約卻充滿細節的立面，纖細的層序變化值得細細觀察。打造出這個設計的建築師槇文彥在代謝派的活動之後，致力於發展現代主義建築，1985 年落成的 Spiral 大樓即是他的代表作之一。在機能上這個空間複合了許多藝術的接點，能夠一邊喝茶一邊看展覽，也能一邊喝酒一邊聽音樂，將藝術帶入人生因不同目的訪問的人們也能同時有所交流，共同享受這個空間。

● 建築界的後現代主義

1977 年，美國景觀設計師兼建築評論家 Charles Jencks 出版了《The Language of Post-Modern Architecture》（後現代建築語言），他認為以功能性為主要導向，千篇一律的現代主義建築風格時代已結束，是第一位以「後現代主義」一詞來詮釋建築風格的先鋒。此書同時也導入了符號學的相關理論，分析出後現代主義刻意強調裝飾，透過建築語彙反應誇大、隱喻、反諷等手法的原因，是來自對現代主義建築簡潔、無裝飾、強調純粹美學風格的反動，最後形成一股建築風格與社會氛圍的流行。

螺旋空間的頂端是半圓形的玻璃帷幕。

1樓入口大廳旁有著設計商店和咖啡廳。

退到對街即可看見建築立面的細節層次。

設計商店的鐵網展示架上擺放了不少有趣的特殊商品。

　　建築內部最具特色的部分，就是呼應大樓的名字「Spiral」，從1樓廣場開始往上延伸的螺旋坡道了。讓不同樓層透過這個中介空間交融、串連，儘管位於東京黃金地帶，奢侈的使用這樣的留白塑造出層次感，更增加了空間的可看性。整棟大樓除了展覽空間之外，也有著各式飲食空間如餐廳、咖啡廳、茶店、酒吧，另外也有設計商品及家飾品的販售。知名服裝設計師皆川明的複合式商店「Call」也設置在此，商品涵蓋了食材、布料、衣物、生活雜貨等，甚至附設餐廳，每到中午總吸引大批人潮排隊，皆川明的粉絲別忘了到此朝聖！

複合文化設施／Spiral／表参道
地址　東京都港区南青山 5-6-23
電話　03-3498-1171
時間　11:00 ～ 20:00，餐飲營業時間依店鋪而定
網址　www.spiral.co.jp
票價　免費

品上一口精心烘焙與調配的茶
櫻井焙茶研究所

　　位於 Spiral 大樓 5 樓，從西麻布移轉至此的櫻井焙茶研究所，販售日本各地的茶葉，以及自家調配的獨家配方茶。茶在古時的日本即被視爲養生的仙藥，能夠帶來健康與長壽。在不斷的發展與研究之下，日本也誕生了獨特的日本茶文化。櫻井焙茶研究所以「調配」及「烘焙」爲主要研究方向，希望能讓日本茶更進化，讓更多的人能接觸到，並且產生新的價值。

　　由日本知名設計公司 SIMPLICITY 所打造的店內混合著和洋風格，除了常見的木材及石材外，室內大量使用常見於茶具的銅質，古典而摩登，特別是大片紅銅牆面令人印象深刻，店內擺設及使用的道具皆優美而造型俐落，每個細節都讓人看得目不轉睛。 從入口內側的木頭玻璃格柵裡可以看到，櫻井焙茶研究所使用的烘焙器具其實是由烘焙咖啡豆的機器改良而來，像研究員一般身著白袍的工作人員使用機器處理著茶葉，讓店內空氣總是飄散著茶葉香氣。除了茶葉之外，也混合各種當季的花草、果實、水果乾等，使用這些經常在西洋紅茶看見卻甚少運用在日本茶的素材，創作出充滿季節感的獨到日本茶。

入口處的招牌低調精緻，小心不要錯過了。

點茶後在茶房會有專人提供沖泡服務。

1. 配上店內提供的精緻和菓子，就是一場完美日式午茶。
2. 透過玻璃看到的工作區。
3. 入口處販售的茶葉們。
4. 使用的茶杯是日本品牌「Sゝゝ」的作品，店內也可購買。
5. 在茶台上的沖泡就像一場儀式。

map

整面的紅銅牆成爲視覺焦點。

　　外部的櫃檯和商品架提供茶葉試飲與購買，然而穿越櫃檯後抵達的茶房才是櫻井焙茶研究所的主要核心。僅有的 8 個座位圍繞著茶台，除了能夠細細品嘗各式日本茶之外，還有搭配和菓子的套餐，另外特調的茶酒也都是茶房特有的品項。誰說喝茶只能在下午，晚餐過後在這裡小酌一杯煎番茶威士忌一定也很棒吧。

茶店／櫻井焙茶研究所／表参道
地址 東京都港区南青山 5-6-23 5F
電話 03-6451-1539
時間 11:00 ～ 23:00、週六、週日 11:00 ～ 20:00、
　　 茶葉販售 11:00 ～ 20:00
網址 www.sakurai-tea.jp

不只是藝術書店那麼簡單
UTRECHT

　　初次造訪時不管從哪個車站出發，找到位於住宅區裡的 UTRECHT 絕對需要花上超過 10 分鐘，我也曾經在巷弄裡面越走越心生懷疑：這裡真的有書店？但就算如此每次訪問時客人還是絡繹不絕。由線上書店起家的 UTRECHT 在 2014 年才遷移到現在的位置，除了販賣書籍之外，也為許多服飾店、生活商店提供選書服務。東京最具規模的藝術書展「THE TOKYO ART BOOK FAIR」，也是共同舉辦單位之一，在和書本相關的領域諸多參與不留餘力。

　　白色與木頭色為主的明亮空間當中，鮮豔的家具和繽紛的書籍點綴其中，不分種類，不分國籍，從藝術、設計到流行，獨立出版社甚至是作家自製的 zine 均有販售。另外不定期更換的擺設方式也是 UTRECHT 十分用心的地方，曾經一次造訪時攝影師川島小鳥正巧推出了在台灣拍攝的寫真集《明星》，UTRECHT 就在架上設置了台灣特集，同時介紹許多和台灣有關的書籍和 zine。像這樣因應各式主題延伸出的陳列讓顧客更能擴展閱讀視野，看得懂日文的話也十分推薦閱讀店員用 memo 紙貼上的介紹，說不定能有新的發現！

架上的書籍無論種類或顏色都十分多彩。　展覽現場：PAPIER LABO.，〈OBJECTS ON THE BOOKS〉，2017 年。

展覽現場：Drew Pettifer，《Less Than Lovers》發行紀念展，2015 年。

　　另外空間也不定期提供給新銳藝術家舉辦展覽，如果喜歡這邊選擇的藝術書籍，一定也會喜歡這邊所舉辦的展覽。在這邊看了幾個展都饒富趣味、簡約明快，很能激發新的想像，難怪許多設計師都說 UTRECHT 是他們尋找靈感的祕密基地了。

書店／ UTRECHT ／原宿
地址　東京都渋谷区神宮前 5-36-6 ケーリーマンション 2C
電話　03-6427-4041
時間　12:00 ～ 19:00，週一休
網址　utrecht.jp

原宿最潮百貨的多元空間
Laforet Museum Harajuku

　　常說原宿表參道融合了許多不同的流行風格，而原宿一帶最具代表性的百貨公司非 Laforet 莫屬。樓層以 0.5 樓爲單位錯落，日系少女服飾、個性男裝進口品牌，甚至歌德、蘿莉塔風格的服飾店都可以在 Laforet 找到。但說起 Laforet 最令人印象深刻的，就是它獨樹一格的廣告了。從世界知名的大貫卓也開始，在創意總監野田凪逝世後，曾在大貫デザイン（大貫設計）是前後輩關係的吉田ユニ（吉田 YUNI）接下設計棒，繼續爲 Laforet 打造鮮明又帶點古怪的廣告風格。

　　位於 Laforet 頂樓的 Laforet Museum Harajuku 是個很多元化的空間，除了展覽之外，也提供舉辦時裝秀、演唱會、商品展等。吉田ユニ的首次個展〈IMAGINATOMY〉就選擇在這裡舉辦，除了 Laforet 本身的廣告之外，像是木村 KAELA、渡邊直美、Chara 等知名女藝人也時常和吉田ユニ合作，她擅長運用錯視並將比喻實體化，獨特的手法辨識度極高，讓人很能夠一眼就看出是她的手筆。現場展示了許多她的手稿和工作時的紀錄，令人驚奇的是這些看似電腦合成的作品竟然幾乎是使用特製道具精心布置而成，讓人忍不住再次多研究她的作品幾眼。

在原宿表參道十字路口的圓柱體建築物就是 Laforet。

吉田ユニ的個展展示了攝影時使用的道具。

吉田ユニ在 2011 年爲雜誌《裝苑》拍攝所製作的作品。

　　另外像是日本街拍網站 Drop TOKYO，以及橫跨平面廣告、電視廣告、電影等多個領域的攝影師瀧本幹也也都曾在 Laforet Museum Harajuku 舉辦展覽。這些較爲貼近流行文化的展覽比起美術館及藝廊或許稍微不那麼難懂一些，如果剛開始想嘗試看展覽，在原宿逛街時別忘了留意一下 Laforet 的頂樓喲！

展覽空間／ Laforet Museum Harajuku ／原宿
地址　東京都渋谷区神宮前 1-11-6
電話　03-3475-0411
時間　11:00 ～ 20:00，不定休
網址　www.laforet.ne.jp
票價　免費

被扭轉的購物商場
GYRE

　　表參道沿路滿滿的都是知名大師的建築作品，其中位於與貓街交叉口的商場就是這棟由荷蘭建築團隊 MVRDV 和日本竹中工務店共同設計的 GYRE 了。以「扭轉」為概念，像是轉開的魔術方塊一樣錯落而不規則的樓層就成了這棟大樓的標誌。除了知名精品品牌的進駐之外，深受潮流人士喜愛的川久保玲 PLAY COMME des GARCONS，還有及中村ヒロキ的 visvim 也在 GYRE 之中。

　　就算對服飾沒有興趣，也還能逛逛地下室的 CONNECT、MoMA 設計商店和 EYE OF GYRE。CONNECT 是由選物店 CIBONE 主導的企劃，除了自身商品之外，也引進像是來自北歐的家居品牌 HAY，以及原宿唱片行 BIG LOVE RECORDS 等國內外品牌，再加上植物販售、書店、藝廊等空間，一次齊聚許多令人喜歡的要素。而日本首家的 MoMA 商店裡，各式的家飾、家具和飾品都充滿藝術感，不管送禮、自用或只是欣賞都非常適合。

　　EYE OF GYRE 則是 GYRE 特設的展覽空間，曾在這裡看過數位藝術團隊 teamLab 的展覽〈teamLab: Transcending Boundaries〉，

展覽現場：〈工芸未来派：工芸ブリッジ〉　位在表參道路上的門口和櫥窗。
（Bridge Art and Craft），2017 年。

木谷洋的作品將工藝道具解構重組,再使用銅製成雕塑作品。

展場雖然不大,但 teamLab 運用技術將四季花朵投射在觀展人身上,引起人們陣陣驚呼,是很特別的體驗。GYRE 的概念是「SHOP & THINK」,EYE OF GYRE 的企劃展總是圍繞著這樣的主題誕生。除了購物之外,也希望能夠帶給來訪的人們更多的新想法,成爲更充滿影響力的據點。

購物商場／ GYRE ／表参道
地址 東京都渋谷区神宮前 5-10-1
電話 03-3498-6990
時間 11:00 ～ 20:00,餐飲營業時間依店鋪而定
網址 gyre-omotesando.com
票價 免費

|展覽空間|

高空中的祕密藝術基地
Espace Louis Vuitton Tokyo

　　有越來越多的精品集團開始致力於藝術推廣，Louis Vuitton 就是其中之一。就算不購物也能大方地走進 Louis Vuitton，因為 Espace Louis Vuitton Tokyo 就位於 Louis Vuitton 表參道的 7 樓，走進大門後往右手邊搭乘電梯上樓，就能抵達彷彿飄浮在表參道上空的純白色祕密藝術基地。

　　與 Louis Vuitton 多次合作的建築師青木淳用玻璃帷幕和金屬網打造出具有層次的通透空間，加上挑高的樓高，不只視覺上顯得開闊，也更能靈活使用。Espace Louis Vuitton Tokyo 的展覽內容不分國籍及種類，看過的展覽大多以裝置藝術、雕塑及影像為主。最近一次造訪時的展出是中國影像藝術家楊福東的作品，他擅長以結合傳統的手法敘述前衛內涵，帶有些許向早期中國電影致敬的風味。作品〈天色‧新女性 II〉的主角是穿著泳衣，妝容髮型復古的女性們，她們在如夢似幻卻遊走於現實及虛假邊緣的場景內奔跑嬉戲。影片同時放映於數個螢幕，由觀眾取決觀看的順序及內容，是能夠反映每個人不同觀看角度的作品。另外同樓層充滿金屬感的廁所是個和展場有著截然不同空間感的地方，離開前別忘了前往體驗一下！

有時會有工作人員前來迎接的大門，推開就對了！

外牆以玻璃帷幕和金屬網包圍，細部反射著行道樹。

map

展覽現場：Jan Fabre，〈Tribute to Hieronymus Bosch in Congo 〉（2011-2013），2015 年。

購物商場／ GYRE ／表参道

地址　東京都渋谷区神宮前 5-7-5 Louis Vuitton
　　　表参道大樓 7F
電話　03-5766-1094
時間　12:00 ～ 20:00，不定休
網址　www.espacelouisvuittontokyo.com
票價　免費

精巧卻高濃度的世界級私人美術館
ワタリウム美術館（WATARI-UM）

　　研究所時期非常喜歡 goen° 的藝術總監森本千繪，她曾經手許多廣告、CD 封面及 MV 的美術設計，作品總色彩鮮明而充滿想像力。她在 2012 年於 WATARI-UM 的美術館商店「... on Sundays」舉辦了她的首次個展〈en° 木の実展〉（en° 樹木的果實展），在展覽裡可以看到每個作品從企劃書、手稿、原稿，最後成形的過程，就像是從種子開始成長，最後開花結果一般。

　　美術館開館於 1990 年，看似特殊的名字「WATARI」取自創辦人一家的姓氏「和多利」，是以當代藝術為主的私人美術館。而建築物由瑞士建築師 Mario Botta 設計，他擅長以簡單的幾何圖案凸顯素材的質感，作品被稱作「建築的雕刻」。WATARI-UM 的平面以三角形構成，2 樓到 4 樓的展覽空間並不大，中間還涵蓋了一個挑空，其實並不是一個很好利用的空間，但搭配不同展覽卻激發出了許多有趣的使用方式。極具特色的外牆是法國藝術家 JR 在展期〈JR 展 世界はアートで変わっていく〉（JR 展 世界因藝術而改變）時製作，而展期結束後也就這樣保留了下來，漸漸剝落後也露出原本建築師 Mario Botta 愛用的條紋建築語彙，形成兩人的另類合作。

櫥窗的反射可以看見對街也有 JR 的作品！

透出部分原本立面條紋的 JR 作品，是東北地區受災地區人們的臉孔。

一開始提到的「... on Sundays」就算沒有舉辦展覽，也是很值得一逛的美術館商店。隨著樓梯往地下室走，可以看見大量的書籍陳列在從地板延伸到天花板的書架，書籍大部分是藝術、攝影、建築相關領域，當中也會布置和展覽相呼應的書籍區域，讓參觀者能更了解展覽的來龍去脈。1 樓販售文具及設計商品，其中最有名的就是以整面牆壁展示的藝術明信片，習慣在旅途中寄上一張明信片的話千萬不要錯過了。

● 企圖以藝術顛覆世界的 JR

　　JR 的作品時常出以巨大照片的形式出現在牆壁、建築物、列車等地，他拍攝各種受到壓迫、或是貧困地區的人像，再張貼在當地，希望以結合攝影與行動藝術的方式改變觀看者的意識，回頭思考已經習以為常的風景，打破人與人之間的藩籬。WATARI-UM 的外牆作品也是 JR 親自前往 311 大地震受災的東北地區所拍攝製作。

美術館／ワタリウム美術館／外苑前

地址 東京都渋谷区神宮前 3-7-6
電話 03-3402-3001
時間 11:00 ～ 19:00，週一休
網址 www.watarium.co.jp
票價 依展覽而定，少數展覽需提前購票預約，
　　 建議前往前先確認官網。

帶來蘊含文化背景的藝術

MAHO KUBOTA GALLERY

　　離開 WATARI-UM 後順著外苑西通り往前走，走上一座彷彿要誤闖別人住宅區的樓梯之後，就可以在小小的建築群中看見亮著光線的 MAHO KUBOTA GALLERY。MAHO KUBOTA GALLERY 的名字出自總監久保田眞帆本人，她出身自谷中的知名現代藝廊 SCAI THE BATHHOUSE，獨立後於 2016 年設立 MAHO KUBOTA GALLERY。

　　訪問時遇見的展覽是美國藝術家 Brian Alfred 的展覽〈TECHNO GARDEN〉，作品以繪畫及動畫爲主，他善用俐落的線條和飽和卻溫柔的色澤，去闡述現代生活中科技發展該如何與自然保持平衡。希望傳達出的東西不單純只停留在視覺上，MAHO KUBOTA GALLERY 試圖帶給觀者不分國界，更有文化性和藝術意義的作品。

　　在 MIHO KUBOTA GALLERY 附近除了 WATARI-UM 之外，也藏著許多有名的建築，像是建築師東孝光的塔之家、Ciel Rouge 的原宿教會、Ruy Ohtake 的巴西大使館等，喜歡建築的人也可以順便來個建築物探訪之旅！

靠窗區域擺設了最鮮豔的作品，
映照在窗上呈現不同色澤。

每幅畫作都很精彩，帶出自然與科技
的平衡界線。

會場也展示有影像作品，畫面節奏和用色皆很鮮明。

展覽空間／ MAHO KUBOTA GALLERY ／外苑前

地址 東京都渋谷区神宮前 2-4-7
電話 03-6434-7716
時間 12:00 ～ 19:00，週日、週一、國定假日休
網址 www.mahokubota.com/ja
票價 免費

就像是他埋藏的時光膠囊
岡本太郎紀念館

　　說起岡本太郎最著名的作品，大概就是 1970 年爲了萬國博覽會設置在大阪吹田的〈太陽の塔〉（太陽之塔），還有高掛在澀谷車站京王井之頭線往 JR 山手線的通道上的巨幅壁畫〈明日の神話〉（明日的神話）了吧。曾經在澀谷很認眞地停下腳步研究許久，據說這幅命運多舛的畫作原本是墨西哥某間旅館的老闆委託岡本太郎創作，以原子彈爆炸爲主題的畫作，沒想到不久後就面臨了經營惡化並破產，這幅畫就一直雪藏在倉庫，直到岡本太郎過世後才被找出並修復，最後設置在澀谷車站，讓更多的民眾也能接觸到藝術。

　　岡本太郎逝世後，他的舊居兼工作室在 1998 年被改裝爲岡本太郎紀念館對外開放。設計他舊居的，是曾經師事建築大師柯比意的坂倉準三，身爲岡本太郎的好友，坂倉準三依照岡本太郎的要求，設計了水泥牆加上凸透鏡形狀的屋頂，非常獨特。紀念館保持著住家的樣貌需脫鞋進入，2 樓企劃廳時常展出不同的主題，1 樓有著岡本太郎的工作室，工作室外似乎曾是客廳的空間擺放了岡本太郎本人的雕像以及各式雕塑，散落的畫具和畫布讓人感覺岡本太郎似乎隨時都會動起來，和來客討論起爆炸的藝術。他曾

販售區域有許多〈太陽の塔〉小物，就算沒有特殊用途也莫名的想擁有。　　按照岡本太郎本人要求打造的建築物。

1. 院子裡還有很多形狀有趣的雕塑。
2. 工作室外是原本的客廳，這裡也放置了岡本太郎本人的雕塑。
3. 挑高區旁可以看見岡本太郎的照片總是充滿活力。
4. 金色的太陽為作品〈若い太陽〉（年輕的太陽）。
5. 從陽台探出頭來的〈太陽の塔〉。

經在這個空間生活了近 50 年，現在仍然滿溢著他的能量。

　　岡本太郎曾經表示，他不喜歡作品透過玻璃展示，所以在這個紀念館的所有作品都沒有裱框或裝箱，就以最自然的姿態擺放著。所有空間裡我最喜歡的其實是院子，種植著許多植物，雕塑作品點綴其中，別忘了試坐看看有許多顏色和表情的〈坐る事を拒否する椅子〉（抗拒被坐的椅子），抬頭還會看到陽台上縮小版的〈太陽の塔〉正在往下窺視，所有雕刻不只可愛也絕對很上相，別忘了多留點時間在此拍照。

● 岡本太郎的「藝術就是爆炸」

超現實主義的岡本太郎在年輕時接觸了西班牙藝術家畢卡索的作品，受到了強烈的衝擊，從此之後一心一意希望能夠超越畢卡索，走上了抽象畫的道路。除了繪畫與雕塑之外，岡本太郎也曾經活躍於 50 年代的日本綜藝節目，在節目上激動吶喊的口頭禪「藝術就是爆炸」甚至成為流行語，在當時的日本是家喻戶曉的「怪叔叔」。他的另外一句名言是「藝術是屬於民眾的」，他認為藝術不該專屬於特殊階級，應該要讓任何人都能去接觸、觀賞，所以時常在百貨公司等親民的地方舉辦展覽，以極低的價錢販售杯子、茶壺等日常生活也能使用的作品。這樣的岡本太郎如果知道自己的畫作被擺放在每天眾多人潮進出的澀谷車站，應該也會很開心吧。

美術館／岡本太郎紀念館／表参道
地址　東京都港区南青山 6-1-19
電話　03-3406-0801
時間　10:00 ～ 18:00，週二休，另有維修日不定休
網址　www.taro-okamoto.or.jp
票價　¥650

身處精品戰區的和風淨土
根津美術館

　　穿過青山眾多的精品服飾店，看見突然映入眼簾的一片綠意與
竹林，就知道根津美術館到了。根津美術館歷史已十分悠久，已
故的日本東武鐵道前社長根津嘉一郎是一位東洋古美術品的蒐藏
家，從 1941 年開始為了保存與展示，就開設了根津美術館。中間
曾經經歷戰時的損毀與改建，2006 年休館 3 年由建築師隈研吾重
新設計，直到 2009 年才再度開幕。

● 隈研吾的「負建築」理論

　　拿下 2020 年東京奧運新國立競技場的設計案，建築師隈研吾擅長操作自
然素材，像是木材、竹子、泥磚、石板、甚至和紙等等，並將之與光線、
水等因子結合，完成的作品簡約和風，散發東方禪意。相較於都市中一棟
棟由鋼筋混凝土蓋起，剛強而讓人感覺疏離的「勝建築」，隈研吾希望自
己的作品不過度主張，以配角的姿態溫柔的與自然環境結合，甚至能為土
地發聲，他將之稱為「負建築」。

具有層次的斜屋頂極具特色。　　　　　　同時保有新舊日式風味的外觀。

© 藤塚光政

map

灰色的建築量體低調的圍繞起幅員廣大的庭園，大片的斜屋頂讓人聯想起和風家屋。最令人印象深刻的是入口處整排的翠綠竹葉和黃褐色的竹牆相對應，形塑出一條令人沉靜的通道。隈研吾用一貫的自然素材，打造出一股柔軟的力量。走進大廳後可以看到，面對庭園的牆面都由整片玻璃構成，把綠意帶進了美術館內。根津美術館爲了以最好的狀態展示展覽品，特地爲了繪畫、書法、青銅器、茶道用具等不同種類的古美術品設置了 6 個展示空間，甚至連燈光都特別用心，使用 8 萬個 LED 燈打造出近似自然光的效果，就算是隔著玻璃也能清晰的看見各種藝術品。

從根津美術館徒步大約 7 分鐘可以抵達同樣由隈研吾設計的微熱山丘南青山店，不同於根津美術館的簡單俐落，以檜木角材包覆整座建築物的工法稱爲「地獄組裝」，是日本傳統木造結構的技術之一，需要靠具有經驗的職人親手一一組裝，非常耗時。如果對隈研吾的建築有興趣，別忘了順便前往一探究竟。

美術館／根津美術館／表参道

地址　東京都港区南青山 6-5-1
電話　03-3400-2536
時間　10:00 ～ 17:00，週一休
網址　www.nezu-muse.or.jp
票價　特別展 ¥1,600，企劃展 ¥1,400
　　　事前線上預約可折扣 ¥100

清新質樸的烘培系咖啡廳
buik

　　從根津美術館再走一小段上坡，轉進巷弄裡有家私藏在口袋清單裡的小咖啡廳 buik，它有著純白色的外牆，位於半地下空間，細長的店裡僅有 16 個位子，造訪時經常客滿。

　　buik 討人喜歡的不只是簡單乾淨的外表，餐點也十分美味！如果想填飽肚子，鹹派是很有人氣的選擇，中午搭配沙拉套餐分量十足，但胃口小的女孩不建議吃太飽，因為到了 buik 可千萬不要錯過它的甜點。曾經吃過檸檬蛋糕和蘋果派，檸檬蛋糕香氣十足，扎實濕潤不乾屮；蘋果派酥脆卻不過油或過甜，可以清楚品嘗蘋果和肉桂的風味。每天的甜點會隨著季節及材料更換，讓人不由得期待起下次造訪會吃到什麼呢！

小小的店內可以看見工作人員正在製作餐點。

蘋果派和冰咖啡是絕配！

map

咖啡廳／ buik ／表参道
地址　東京都港区南青山 4-26-12 1F
時間　12:00 ～ 17:30，週日、週一休
網址　buik.jp

知名建築雜誌營運的建築展館
GA gallery

　　只要是學習建築、空間、室內設計的學生絕對都看過 GA 雜誌，旗下有《GA Document》《GA HOUSES》及《GA JAPAN》三個分支，《GA Document》以世界建築爲中心，《GA HOUSES》介紹住宅案，《GA JAPAN》則以日本的建築爲主。

　　2006 年開始營運的 GA gallery 位於明治神宮外圍，原宿以北的北參道地區，灰色水泥方塊加上大面玻璃開窗的建築物，由主宰 AMS ARCHITECT 的建築師鈴木恂設計。GA gallery 每年會舉辦四到五個展覽，其中〈HOUSE PROJECT〉世界住宅展、〈INTERNATIONAL〉當代世界級建築師展、〈GA JAPAN 2017 / PLOT〉設計的過程展，這三個展覽每年都會固定舉辦。訪問時正好觀賞了〈GA JAPAN 2017 / PLOT〉設計的過程展，每個參展作品都詳細的展出了作品由發想到成形的過程，草模、草圖、模型、圖面一應俱全，對學設計的學生和從事設計產業的人來說非常具有參考價值。另外當期雜誌也會和展覽連動，更加詳細的論述展覽內容，看完展覽後順便從 GA gallery 的書店帶一本雜誌回家深入研讀，效果一定更能相輔相成，相信這應該也是當初 GA gallery 設立的目的吧。

冷調的外觀以水泥和玻璃構成　　　　　室內透出的溫暖燈光中和了空間調性。

map

店內有關建築的藏書量非常豐富，建築人必訪！

展覽空間／GA gallery ／北参道

地址 東京都渋谷区千駄ヶ谷 3-12-14
電話 03-3403-1581
時間 12:00 ～ 18:30
網址 www.ga-ada.co.jp
票價 ¥600

百年文具品牌的創新轉身
THINK OF THINGS

　　沒想到以 Campus 大學筆記本、無針釘書機聞名的百年文具品牌 KOKUYO 也可以這麼時髦！打開大門就能看見的咖啡吧由三軒茶屋的知名咖啡店 OBSCURA COFFEE ROASTERS 打造整體及提供咖啡豆，輕食也是由表參道知名的麵包店 breadworks 製作，口味自然是有品牌保證。

　　雖然是推出許多文具商品的老牌文具店，但 THINK OF THINGS 販售的商品不同於市面，以獨創商品和精選商品為主，另外最具特色的復刻商品是將已經絕版的商品重新製造販售，只要稍微改變顏色及部分素材，歷史悠久的文具也能變得時髦而帶有韻味。我最想要購買的是以畢業證書筒為概念設計出的圓柱形紙盒，經典的鱷魚紋印花外觀搭配橘色和藍色內裡，擺在家裡當筆筒或刷具筒一定非常可愛。

　　整棟大樓結合了賣場、咖啡廳、展示空間和辦公室，以灰色白色為基調的空間裡，部分螢光黃與螢光粉紅色的點綴更顯得活潑生動。內用的座位區位於店內的最裡側，和販售區域互不打擾，

店內的輕食甜鹹都有，比預想的還要美味！

螢光粉紅色搭上俏皮的 HELLO 椅，應該很適合拍照打卡。

店內清新俐落，商品都陳列得十分吸引人。

座位上也不乏帶著筆記型電腦在工作的人，或是著正裝似乎正在討論公事的上班族。THINK OF THINGS 的概念是「跨越工作與生活的界線」，應證的或許不只是他們販售的文具本身，也是這整個空間的體現。

文具咖啡廳／THINK OF THINGS ／原宿

地址 東京都渋谷区千駄ヶ谷 3-62-1
電話 03-6447-1113
時間 11:00 ～ 19:00，週三休
網址 think-of-things.com

從潮流聖地誕生
The Mass

在購物商場 GYRE 旁有一條被稱作「貓街」的路，名稱的由來眾說紛紜，有人說因爲它狹窄只有貓能通過，也有人說是因爲這裡有很多貓。貓街是裏原宿的中心，在裏原宿街頭流行蔚爲主流的時代，藤原浩的 GOODENOUGH、NIGO® 的 A BATHING APE、高橋盾的 UNDERCOVER，許多潮流品牌都發源於此。

裏原宿和貓街經過時光的推移，已經不像以前一樣充滿街頭風味，更多元的店家開設，The Mass 也是其中之一，灰色的冷調水泥牆面在熱鬧的貓街中特別顯眼，三個獨立的方塊屋分隔出三個區塊，不預設展出方式與內容，試著產生新的價值與可能性。

潮流教父藤原浩也曾經在 The Mass 策展，他與京都精華大學學生組織 S.U.C.C. 及知名植物藝術家東信所聯手打造的展覽〈FLOWER HUDDLE〉如其名，集合了多名藝術家關於花的作品，但當中最令人印象深刻的絕對是東信在玻璃箱內的花藝作品。密閉在透明的空間中，嚴密的監控著濕度及溫度的花朵在展期間隨著時間推移漸漸凋落、腐化，甚至長出黴菌，透過多次觀展也能感受到花朵的主體被取代，最後生長成另一個姿態的過程。

展覽現場：〈FLOWER HUDDLE〉，
2016 年。　　以三個水泥方塊構成的空間。

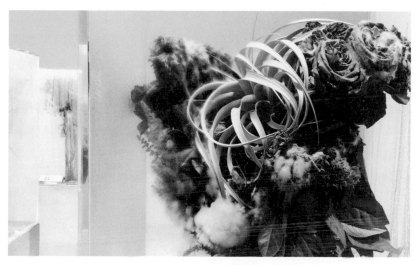

隨著時間變換模樣的作品，讓人忍不住一直前往觀賞。

● 花與植物的藝術家，東信

時常與許多一線時尚品牌合作的東信，在 21 歲時透過在花店、花市打工，開始獨學進入花的領域。東信的作品十分具有辨識度，不管是花材的選擇或是色彩的搭配上，都很有他獨特的風格，看似繽紛而狂放，在細節卻仍帶有日本的纖細之美。不只是單純的花藝師，他以花及植物為媒材創作出許多實驗性的作品，嘗試更多不同的表現方式，將花藝提升至更藝術的境界，讓人們了解植物的價值。

展覽空間／The Mass ／原宿

地址 東京都渋谷区神宮前 5-11-1
電話 03-3406-0188
時間 12:00 ～ 19:00，週二、週三休
網址 themass.jp
票價 依展覽而定

|　展覽空間　|

你也可以成為藝術家
DESIGN FESTA GALLERY

　　1994 年開始舉辦的國際藝術展覽會 ART EVENT DESIGN FESTA，至今仍每年春夏秋都舉辦三次，其主題是「為所有想表現自己的人們創造一個空間」，DESIGN FESTA GALLERY 傳承這個理念，在 1998 年成立於原宿，將老公寓改裝成展覽空間，不論國籍和年齡，什麼樣的人都能申請在這裡展出，不需要經過審核，僅需支付租借場地費，販售商品也不收取手續費，參觀也不需要門票，藝術家和觀展者都可以輕鬆的在此交流，實際訪問也經常能聽見人們的笑語。

　　包覆整個 2 樓的黑色鐵架是這裡的特色之一，但其實在創立之際鐵架是鮮紅色的，牆面也更具街頭感的彩繪上了滿滿塗鴉，是近年來才重新油漆成為黑白配色，彷彿也反映了這些年以來，原宿的風格改變與蛻變。

　　DESIGN FESTA GALLERY 分為兩棟建築物，總共有 71 個空間提供租借，如果有意願的話，甚至連廁所都可以提供租借。就算是預算極低的學生，也能承租一天只要 ¥540 的小牆面，對於亟

保留了老公寓的格局，將房間作為
展間使用。

走廊上張貼有各式展覽資訊可以觀看。

變身爲黑白配色的外觀，和以前的紅色各有不同風味。

欲表現自己的藝術家來說，DESIGN FESTA GALLERY 絕對是個令人感激的存在。如果你也有舉辦展覽的夢想，不妨到 DESIGN FESTA GALLERY 探訪順便做個田野調查，說不定能在這裡輕鬆一圓展覽夢呢！

展覽空間／ DESIGN FESTA GALLERY ／原宿
地址 東京都渋谷区神宮前 3-20-18
電話 03-3479-1442
時間 11:00 ～ 20:00
網址 designfestagallery.com
票價 免費

澀谷　Shibuya

從繁忙的交叉路口邁出腳步

說起澀谷，大家印象最深刻的可能是那個永遠擠滿人的十字路口，
據說人多的時候一次會有三千人左右通行，總是吸引著世界各國的
觀光客拍照留念。但其實近年來澀谷的大熱區域都在人煙不多的地
方，自己也更喜歡這樣的澀谷。像是聚集了許多美食和個性店家的
奧澀谷，代代木公園周遭氣氛悠閒的的代代木八幡、代代木上原等
等。如果有時間能稍微跨出觀光客熟悉的區域，沾染一些能想像自
己就在此生活的生活感，一定也是很不同於以往的經驗！

Area 4

以味覺閱讀
BUNDAN COFFEE & BEER

　　位於澀谷與目黑交界之處的日本近代文学館，坐落在駒場公園北側，入場時由東門進入可以最快抵達文学館。走進日本近代文学館大門之前，可以看到入口的左手邊一排半戶外的座位上，有許多人一手吃著輕食一手捧著書，那是 BUNDAN COFFEE & BEER 的部分座位。日本近代文学館裡進門後左手邊的深處，小小的藍色立牌分隔起內外，整面落地書櫃圍起的空間就是 BUNDAN COFFEE & BEER 的主體。

　　這個空間由擅長編輯與設計的設計公司 Tokyo Pistol 監製製作，他們旗下以東京各地域為主題的《TO magzine》也是我十分喜愛的雜誌之一。Tokyo Pistol 將空間營運也視為場所與街區的「編輯」，活用自身資源打造出這個文學的指標性場域。店內的藏書約有 2 萬本，包含留名日本文學史的名作，也有讓文學迷垂涎三尺的稀有書刊，另外也混雜著部分帶有次文化氣息的作品，這些都是 Tokyo Pistol 的老闆草なぎ洋平的收藏，全部都能自由閱讀。

　　BUNDAN COFFEE & BEER 的料理風格跟藏書一樣多元，菜單上的每一品都摘錄自從古今東西的文學作品，將許多關於味覺的

可以享受悠閒氣息的半戶外座位。

紅茶與招牌檸檬聖代。

書櫃裡的書全部都可以自行取閱。

描寫以料理的姿態呈現。像是《夏洛克・福爾摩斯》裡的啤酒湯和鮭魚派，由梶井基次郎的《檸檬》發想的招牌檸檬聖代，三明治取自谷崎潤一郎的《食蓼蟲》，連紅茶都冠上了宮澤賢治《冰河鼠的毛皮》的情節，習以為常的吃食行為在 BUNDAN COFFEE & BEER 裡頓時也變得有文學涵養了起來。喜歡文學的話這裡絕對是個必須要朝聖的地點，就算看不懂日文也沒關係，這裡的文學是用品嘗的。

　　而日本近代文学館本身為已有 400 年歷史的知名建設公司竹中工務店設計建造，摩登的樣式很難想像已經有 50 年的歷史。駒場公園則是昭和時期的侯爵前田利為的宅邸，日本書院造樣式的和館以及英國都鐸式建築的洋館都保存良好，是日本國家指定的重要文化財。公園內大片的草地還有茂密的樹木鬱鬱蒼蒼，在紅葉和櫻花的時節也是東京人祕藏的觀賞景點之一。

1. 外觀以白色爲主，簡約的設計即是經典。
2. 店內藏書種類多元。
3.《夏洛克‧福爾摩斯》的啤酒湯和鮭魚派。
4. 半戶外座位被綠意包圍。
5. 簡單以看板區隔開的入口。

連書架之間都擺滿了書！

　　一般定義的近代由日本明治時期開始，最著名的代表性作家像是夏目漱石、芥川龍之介、太宰治、川端康成等人。館內藏有許多世界級名著的原稿、作家們的往來書信等。另外文學館也致力於發行書籍或電子媒體，並不定期舉辦講座，像是 2017 年舉辦的芥川龍之介《羅生門》展，對台灣和日本學生來說都是曾出現在課本並耳熟能詳的作品，深入剖析《羅生門》所誕生的背景，並衍生介紹更多當時的文化，不管是一般的愛書人士或是專門的研究者都能在此了解更深層的文學，得到更進一步的文化薰陶。

咖啡廳／ BUNDAN COFFEE & BEER ／駒場東大前

地址 東京都目黒区駒場 4-3-55 日本近代文学館內
電話 03-6407-0554
時間 9:30 〜 16:20，週日、週一、每月第 4 個週四休
　　　（依日本近代文学館為準）
網址 bundan.net

新型態的優美展館
Lurf MUSEUM

　　代官山是我在東京很喜歡的地點之一，喜歡的服飾品牌們有志一同都選擇在此設立門市，特色小店林立，一路延伸往中目黑。日本髮型設計師好友從大型知名沙龍獨立後也選擇在代官山開店，於是代官山也成了我每次到東京必定會拜訪的地方。

　　Lurf MUSEUM 於 2022 年開幕，他們將自己定調為「比藝廊大，比美術館小的新型多用途展演空間」，讓藝術家們可以嘗試更實驗性的表現手法，呈現更自由的作品。之前觀賞了由花藝創作家篠崎惠美率領的「edenworks」（可見 P162）所打造的展覽〈Now/Then〉，edenworks 一直以「邁向不丟棄花的未來」為理念，進行花藝創作的同時，也總是希望能盡可能的把浪費縮減。〈Now/Then〉以新鮮的花為媒材，製作出了美麗的大型裝置，在慢慢自然乾燥的過程當中討論花的剎那與永恆，並在展覽最後一天解體後，將使用的花材重新裝瓶製作為乾燥花作品。

　　展覽甚至在半年後又推出續集〈Now/Then, longing for blue〉，這次選擇在一樓咖啡廳空間裡展出 edenworks 將剩下的花材解體

一樓咖啡廳入口的弧形玻璃上也貼有大圖。

可以躺在床上觀賞花的姿態。

1. 展覽現場：〈Now/Then〉，2023 年。
2. 遠遠就能看到紅磚外牆上掛著大幅展覽海報。
3. 除了吊掛的花，床上倒映的光影也很漂亮！
4. 1 樓咖啡廳，牆面上的燈具來自丹麥品牌 Louis Poulsen。

map

被封存在瓶內的花，像是標本一樣。

後，重新再染色加工而成的作品，同時也舉辦 workshop，讓顧客親自挑選花材，包裝成袋，讓鮮花以不同的姿態繼續延續生命。

　一樓除了也會有作品展示之外，一旁商店區域則擺放有合作的藝術家商品以及展覽周邊。選用了大量 1930 年代丹麥老件家具的咖啡廳氛圍溫婉而沉靜，在看完展之後別忘了留下來逛逛坐坐。

展覽空間／ Lurf MUSEUM ／代官山
地址　東京都渋谷区猿楽町 28-13 Roob1
時間　11:00 ～ 19:00，不定休
網址　lurfmuseum.art
票價　依展覽而定

潮流人士聚集的三明治店
BUY ME STAND

　　說 BUY ME STAND 是全東京最潮的三明治店，大概沒有人會否認，因爲 BUY ME STAND 是由潮流品牌 SON OF THE CHEESE 開設，以薄荷綠爲主調的牆面搭配復古的地磚及家具，美式復古的風格時髦中帶有不拘小節的感覺，自然總是有許多潮流人士聚集，連雜誌和各種商業攝影也經常在這裡拍攝。山本海人除了有擁有混血名模老婆紗羅 Mary 之外，也是 SON OF THE CHEESE 和 BUY ME STAND 的主理者。他在高中畢業後曾旅居美國 5 年，回到東京發現日本吃不到好吃的烤起司三明治，抱持著「想把這麼好吃的東西發揚光大」的心情，在澀谷往代官山方向的並木橋附近開設了第一家店，時至今日在橫濱、福岡和沖繩，甚至韓國首爾也都有分店。

　　最有人氣的三明治口味是 Apple Cheeks，麵包表皮金黃酥脆，內餡的豬肉、蘋果和燉煮過的洋蔥形成絕妙的組合，同時可以享受到蘋果的清脆口感和果香以及豬肉的風味。融化的卡門貝爾起司讓整體口味更圓潤，是會邊想著熱量好高卻又忍不住一口口吃下肚的罪惡美食。BUY ME STAND 的樓上就是 SON OF THE CHEESE 旗艦店，吃飽後不妨往樓上去逛逛消耗一下多餘的熱量！

2 樓空間晚上是酒吧，白天僅在 1 樓客滿時開放。

煎得酥脆的三明治配上內裡融化的起司。

map

從用色和家具都能看出空間主人的品味！

三明治店／ BUY ME STAND ／渋谷

地址　東京都渋谷区東 1-31-19
電話　03-6450-6969
時間　8:00 〜 17:00
網址　www.instagram.com/buy_me_stand

從地方傳達出的信念
d47 MUSEUM

　　d47 MUSEUM 出自知名設計企劃公司 D&DEPARTMENT PROJECT 手筆，D&DEPARTMENT PROJECT 由設計師長岡賢明在 2000 年以「永續設計」宗旨設立，該品牌旗下還有日本當地旅遊雜誌《d design travel》，以及後續會介紹的餐廳「d47 食堂」。品牌目前在日本各地及海外設有同名商店 D&DEPARTMENT 共 10 間，目標是在日本 47 個都道府縣都設點，發掘具有在地風味，並能長久使用的的設計。

　　設計物產美術館 d47 MUSEUM 在 2012 年澀谷 Hikarie 商場開幕的同時進駐，空間內設置了 47 個展示台，在以設計、旅行等不同觀點出發的企劃展下，連動各種演講、工作營、實作、販售、體驗活動，這裡的展覽除了觀看之外，也能在商店購買展示的工藝品和食品，讓人能輕鬆把不同地區的在地魅力帶回家，在生活中漸漸更了解日本的 47 個都道府縣。訪問時的〈NIPPON の 47 人 2017 これからの暮らしかた - Off-Grid Life - 〉（日本的 47 人 2017 未來生活展），聚集了 47 位代表各個地區的知名人士以圖文及物件描述自己對未來生活空間的期許和想望。在太過依賴這些現代化資源的時代，如何以更貼近土地的方式去過更永續的生活，或許也是在台灣我們該好好思考的問題！

以長廊隔開的展示空間。　　　　　　8 樓還有 CUBE 1, 2, 3 提供展覽使用。

map

展覽現場：〈NIPPON の 47 人 2017 これからの暮らしかた - Off-Grid Life -〉（日本的 47 人
2017 未來生活展），2017 年。

展覽空間／ d47 MUSEUM ／渋谷

地址 東京都渋谷区渋谷 2-21-1 渋谷 Hikarie 8F
電話 03-6427-2301
時間 12:00 ～ 20:00，不定休
網址 www.hikarie8.com/d47museum
票價 依展覽而定，大部分爲自由付費制

在餐桌上環遊日本 47 個都道府縣
d47 食堂

　　和 d47 MUSEUM 各據澀谷 Hikarie 8 樓的一側，有著大大暖簾的 d47 食堂在 Hikarie 裡十分有人氣，用餐時間排隊人潮絡繹不絕，尤其外國人的比例極高。

　　d47 食堂發想自旅遊雜誌《d design travel》的採訪過程，以日本 47 個都道府縣的「食」為主題，每日推出活用當地素材烹煮的定食以及當日定食。菜單除了餐點內容以外，也會一併標註這道定食是什麼地方的特產，從米飯、主菜到汁物、小菜，是用什麼樣的食材，並用什麼樣的烹調手法下去處理，從閱讀當中就能感受到各地域的魅力。除此之外飲料與酒類也引進大量國產商品，餐具則由母公司 D&DEPARTMENT PROJECT 精選，希望傳達農民、生產者、餐具製作者親手傳達出的信念。

　　長條形的店面以暖色調的木質為主體，其他內裝及燈具、座椅則以金屬、黑白設計為點綴，整體在溫暖中不失現代感。除了面對面的雙人座，在窗邊也有吧檯席，一個人吃飯也不尷尬，還可以俯視整個為迎接 2020 年重新建設中的澀谷。在人來人往的澀谷逛街累了，到 d47 MUSEUM 看看展覽挑個伴手禮，再到 d47 食堂享受美食，說不定可以感受到一點都市中難得的在地美好。

入口的暖簾會不定期更換顏色。

架上有著旗下的旅遊雜誌
《d design travel》可閱讀。

map

富山縣的親子丼定食。

食堂／d47 食堂／渋谷

地址 東京都渋谷区渋谷 2-21-1 渋谷 Hikarie 8F
電話 03-6427-2303
時間 週一、週二、週四、週日 11:30 ～ 20:00
　　　週五、週六、假日前日 11:30 ～ 21:00，週三休
網址 www.hikarie8.com/d47shokudo

鬧中取靜的文化村落

Bunkamura ザ・ミュージアム（Bunkamura the Museum）

Bunkamura 也稱作「文化村」，由旗下擁有交通、百貨、旅館、建設業等多種事業體的東急集團營運。如同它的名稱，1989 年時東急集團希望在澀谷打造一個充滿人文氣息的角落，提供文化的發表、創造與交流，於是設立了包含音樂廳、劇場、美術館、小型電影院的 Bunkamura。

Bunkamura 內的美術館 Bunkamura ザ・ミュージアム位於地下室，地下室一般給人狹窄的印象，但 Bunkamura 規劃了 4 米高的無樑柱空間，可動式牆面設計讓每個展覽的規劃都能更自由。展覽內容從甚少在日本被介紹的藝術家到著名海外美術館的名品展都有涉獵，除此之外就是以 19 到 20 世紀的西洋繪畫、女性藝術家作品、攝影這幾個主題為主。其中印象最深刻的是已故美國攝影師 Saul Leiter 的展覽，展覽展出非常多 Saul Leiter 從時尚到街頭的攝影作品，其中下雪、下雨和起霧時的照片特別吸睛，略微模糊的成像反而讓攝下的色彩更鮮明濃烈。他的照片的主題圍繞著日常生活的街頭，平凡的題材在他的鏡頭下卻充滿了詩意，如同畫作般滿載著光影。值得一提的是展覽依照劃分的展區改變整體牆面和展示台的顏色與材質，使得觀展者更能意識到其中時代與風格

順著手扶梯抵達地下室就可看見美術館。

展覽推出的明信片，Saul Leiter 鏡頭下起霧和飄雪的街頭。

map

的變遷，這樣的用心讓人在被展覽內容吸引的同時，也更加喜歡
這個鬧中取靜的文化村落了。

　Bunkamura 在 2023 年開始休館進行大規模整修，預計在 2027
年重新開館，在這之間美術館依舊不停歇地在其他空間進行展覽
企劃，依舊值得關注！

● 彩色攝影的先驅者

Saul Leiter 曾是 50 年代享譽盛名的時尚攝影師，為《Esquire》《Harper's
Bazaar》《ELLE》等知名雜誌拍照，但在 80 年代突然退出商業攝影界，
從世人眼中消失了身影，直到 2006 年知名的德國攝影出版社 Steidl 為他推
出了街拍攝影集《Early Color》，他再度翻紅，一躍成為話題的中心，而
這時他已經 83 歲。他曾說「重要的不是地點或事物本身，而在於你看待
的方式」，他從彩色攝影才剛起步的年代就開始拍攝彩色照片，獨到的掌
握色彩方式被稱為彩色攝影的先驅者。

美術館／Bunkamura ザ・ミュージアム／渋谷
地址 東京都渋谷区道玄坂 2-24-1
電話 03-3477-9111
網址 www.bunkamura.co.jp/museum
※ 目前休館中，預計 2027 年重新開館，詳細開放時間、
票價等資訊請依官網公告為主。

精巧且獨一無二

渋谷区立松濤美術館 （澀谷區立松濤美術館）

　　從 Bunkamura 一路往西的這個區域稱作「松濤」，是東京知名的高級住宅區之一，除了有許多看似門禁森嚴的豪宅之外，也齊聚了許多文化藝術設施。主要幹道甚至就直接命名爲「松濤文化村街」，街上隨處可見地方自治團體貼出寫著街名的可愛海報。

　　坐落在松濤巷弄之間的松濤美術館開館於 1981 年，是東京第二座區立美術館。負責設計的建築師白井晟一是日本近代的代表性建築師之一，他獨特的建築思考與當時流行的現代主義建築背道而馳，東京鐵塔附近十分引人注目的黑色筒狀大樓 Noa Building 也是出自他的手筆。他曾留學德國學習哲學及美術史，這個特殊的經歷或許也反映在他獨特的建築思考之中。

　　白井晟一晚期的作品大量使用紅磚及石材形塑弧線，松濤美術館的外牆也同樣使用了韓國進口的粉紅色花崗岩建造，而這款花崗石也是由白井晟一親自選定，因爲是日本未使用過的素材，他還親自將其命名爲「紅雲石」。美術館腹地不大，或許是爲了隔絕四周的視線，建築物減少了對外開窗，大塊石材立面搭配銅板屋簷，由挑空天井採光，帶來神祕而沉靜的氣氛，在周遭寧靜的住宅中特別顯得氣勢非凡。

平常禁止通行的 1 樓的空橋，希望總有一天能踏上看看！

松濤美術館 2 樓的沙龍，也會作爲展覽空間使用。

map

攝影：上野則宏

用紅雲石堆砌出的建築體顯得氣勢滂薄。

　　2021年松濤美術館策劃了介紹建築師的展覽〈白井晟一入門〉，在美術館迎接四十週年的同時，讓白井晟一的作品及思考更爲人所知。展覽分爲「第1部　白井晟一編年史」及「第2部　Back to 1981建物公開」兩個展期，第1部先是帶出白井晟一的生平，第2部再在建物公開時，把爲了展覽而設置的牆面或隔間等全部移除，還原至最接近當初白井晟一設計的狀態。展覽時也開放了平常禁止通行的一樓的空橋，橫越美術館中央垂直的圓形挑空，下方是地下2樓的噴水池，空間既包覆又開闊，如果有機會再碰到空橋開放的機會，一定要試試這個特別的空間體驗。

美術館／渋谷区立松濤美術館／神泉

地址　東京都渋谷区松濤 2-14-14
電話　03-3465-9421
時間　10:00 ～ 18:00、週五～ 20:00 ／週一休，
　　　　若爲國定假日則照常開館，下一個平日休館
　　　　展覽更換及元旦期間休館
網址　shoto-museum.jp
票價　依展覽而定

帶起奧澀谷的文化風潮
SHIBUYA PUBLISHING & BOOKSELLERS

　　在紙本式微的時代，簡稱 SPBS 的 SHIBUYA PUBLISHING & BOOKSELLERS 毅然在 2008 年開幕，坐落在澀谷與代代木公園之間，也就是最近名氣逐漸提高，被稱作「奧澀谷」的這塊區域，區域內有許多個性餐廳與店家，SPBS 就是代表之一。如同其名，以出版及販售書籍為主要事業，但他們的野心不只如此。

　　SPBS 的創立者福井盛太曾是商業雜誌的編輯，在一次滯留紐約的機會下訪問了很多書店，被當地書店的活力打動，感嘆同樣身為大都會的東京，卻沒有如紐約般能長時間營業並成為交流場所的書店，於是返回日本後開始著手企劃，某天前往 Bunkamura 觀看舞台劇的回家路上走路經過 SPBS 的現址，發現正在招租，馬上決定進駐，SPBS 也就因此誕生。

　　在資訊發達的現在，連書本的新鮮度都非常重要。福井盛太希望將書「地產地銷」，在書店的深處，一片玻璃隔著的就是 SPBS 編輯部的工作桌區域，將製作現場搬到販售現場，在出版界是很

書店彷彿整棟紅磚大樓的切口。

隔著玻璃可以看到 SPBS 的編輯部。

map

藝術設計類的雜誌及書籍都很齊全。

少有的景象。玻璃外也使用了相同的工作桌當作展示架,上面擺放的書以文學、娛樂、藝術、設計、攝影、建築和生活書籍爲主,每一本都由工作人員嚴選。由於線上書店發達,現代人買書的管道多元,SPBS 希望打造的不光是販賣的場所,而是一個讀者和書邂逅的地方。不需要預設什麼立場,就到 SPBS 逛逛吧!或許能讓你久違地想起逛書店的樂趣。

書店／SHIBUYA PUBLISHING & BOOKSELLERS ／渋谷
地址 東京都渋谷区神山町 17-3
電話 03-5465-0588
時間 11:00 ～ 21::00,不定休
網址 www.shibuyabooks.co.jp

| 咖啡座 |

回味無窮的鹽味焦糖拿鐵
CAMELBACK sandwich&espresso

　　從 SPBS 再多走幾步路，會看到一個奇妙的三叉路口，被小巷劃分開來的其中一個區塊深度不到 4 米，CAMELBACK sandwich&espresso 開設在順應這個形狀而建的灰色建築物裡，店門口玻璃上繪製著呼應店名的白色駱駝，沒有內用座位，只能外帶或坐在店外的長凳上享用，但仍人氣不減，原因就在於美味的咖啡和好吃的三明治。

　　CAMELBACK sandwich&espresso 由一對好友合作，分別負責咖啡和輕食。咖啡以義式濃縮為主，我最喜歡的是鹽味焦糖拿鐵，台灣近年來也開始有些咖啡廳推出這個品項，但總覺不到位，CAMELBACK sandwich&espresso 為保持咖啡的鮮度，由磨豆開始的步驟都是點單後才開始執行。espresso 濃度製作為一般的三倍左右，調和出不被鮮奶搶味，比例完美的拿鐵。另外負責輕食的主廚則是由道地日本料理出身，活用以前的經驗打造出帶有和食風情的三明治，連麵包也非常講究的挑選了三家不同的麵包名店進貨，再從中挑選搭配最適合的口味。當中外表酥脆內餡軟嫩的玉子燒三明治一推出馬上成為店裡的招牌，平日限定約 50 ～ 60

玻璃上的駱駝 logo 呼應著店名的 CAMEL。

熱拿鐵不只美味也能看到現場拉花。

不能內用也沒關係，就坐在長凳上悠閒享用吧！

個、假日則是 80 ～ 100 個。數量限定是殘酷的，如果想品嘗這道東西合併的滋味，建議把一天行程的開始安排在這裡比較保險啦！

咖啡座／ CAMELBACK sandwich&espresso ／渋谷

地址 東京都渋谷区神山町 42-2
電話 03-6407-0069
時間 8:00 ～ 18:00
網址 www.camelback.tokyo

調劑一帖美化生活的乾燥花
EW.Pharmacy

　　若不是灰色的鐵門上掛著一串乾燥花，素靜的門面實在很難想像這裡是一家花店。推開門後可以看到 H 型鋼圍起充滿金屬感，銀灰白三色為主的冷調空間，店內只有玻璃櫃裡的花朵充滿顏色，專門販售乾燥花的 EW.Pharmacy 就是如此特別。

　　知名花藝創作家篠崎惠美在 2015 年開設了一家週末限定營業的花店「edenworks bedroom」，由於花店需要有一定的進貨量，就或多或少的產生了花的浪費。因為希望儘可能地不要將花丟棄，篠崎惠美開始將剩下的花朵製作為乾燥花並加工，反覆研究之下，在 2017 年誕生了專售乾燥花的 EW.Pharmacy。

　　以藥局為概念，在 EW.Pharmacy 買花是需要抽單叫號的。透明的玻璃櫃一格一格的放滿當季的乾燥花材，工作人員依購買需求勾選單據，層層疊疊放入銀色包裝袋後將其密封，讓人想起藥局調劑、配藥、分裝的過程。這些花材都是出自 EW.Pharmacy 自家的製造工廠。這幾年不管是日本、韓國或台灣，到處都十分流

購買花材時工作人員會填寫單據。

與攝影展〈wall flower〉一起推出結合照片的商品。

1. 店內大量運用一般花店少有的金屬質感。
2. 密封包裝後的乾燥花材。
3. 玻璃櫃中以抽屜分隔多種花材。

行乾燥花材，有許多女孩也會自己買花回家倒掛乾燥，但其實適合這樣製作的植物品種並不多，一些纖細脆弱的花材更是有可能在乾燥的過程中斷裂風化，而 EW.Pharmacy 針對每種花材採用不同的方式處理，獨家研發的乾燥工法能夠盡量留住植物的美麗姿態，我也忍不住帶了一包回家。就這樣擺放也好，重新將花朵製作成自己喜歡的樣子也好，都應該會成為讓生活更美的一道處方。

● 在都會中保留野生感的花藝創作

由文化服裝學院出身的篠崎惠美也曾從事服裝工作，但在一次偶然的機緣下決定了開始在花店上班，透過環境的薰陶與自學，篠崎惠美很快的找出了自己的風格，並在 2009 年創立了自己的花藝品牌 edenworks，透過獨自的感性去尋找更多花的可能性。讓篠崎惠美聞名的是她和許多知名音樂人或百貨公司、時尚品牌與雜誌合作的花藝裝置藝術，或許是學習服裝設計出身的背景，讓篠崎惠美製作出的花藝作品時尚而獨樹一格，帶有些野生感，線條與層次纖細，色彩鮮明卻清新。

map

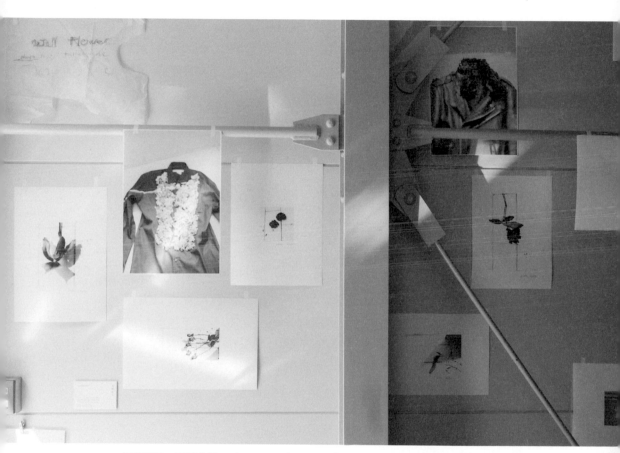

展覽現場：高橋恭司，〈wall flower〉，2017 年。

乾燥花店／ EW.Pharmacy ／代々木八幡

地址 東京都渋谷区富ヶ谷 1-14-11
電話 03-6407-0701
時間 13:00 〜 20:00，週一、週二休
網址 www.edenworks.jp/ewpharmacy

東京街頭的北歐風情
Fuglen Tokyo

　　大學時期有一陣子讀了很多關於北歐設計的書籍，醉心於北歐風格，後來第一次踏進 Fuglen Tokyo 的瞬間就喚起了當時的記憶。Fuglen Tokyo 的本店 Fuglen Oslo 位於挪威，1963 年開幕至今一直是備受當地人推崇的咖啡文化發信地，內裝也保留了 60 年代的北歐設計風情，而 Fuglen Tokyo 完美地將其帶進了東京。如同大家印象中的北歐設計，Fuglen Tokyo 大量使用木頭材質，從圓弧吧檯到桌椅，甚至天花板與牆面都籠罩著沉穩的咖啡色。由古民家改建而成的空間有著大面的窗戶引進陽光，白色外牆點綴鮮紅色的鳥型 logo 再搭配木質長椅，上相的戶外座位總是十分搶手。

　　挪威是著名的咖啡大國，其中又為之著名的 Fuglen 讓 Fuglen Tokyo 的客人裡不乏來來去去的外國人，讓人一時之間有真的來到北歐的錯覺。據說在咖啡豆的烘焙手法上，北歐特別擅長處理淺焙豆，保留清澈的水果風味與酸質，正好是日本近年來流行的口感。不過 Fuglen Tokyo 還有各種不同的咖啡豆供客人選擇，如果猶豫的話可以直接選擇當天的本日咖啡，一杯只要 ¥410，續杯也只要 ¥210 的價位親民，也難怪總是這麼多人在此享受充滿陽光和咖啡的假日午後了。

除了咖啡之外櫃檯後面還有滿滿的酒。

每日咖啡香醇順口價位又親民。

北歐風格的店內總是有許多外國客人。

咖啡廳／Fuglen Tokyo ／代々木八幡

地址 東京都渋谷区富ヶ谷 1-16-1
電話 03-3481-0884
時間 週一〜週四 7:00 〜 22:00
　　　週五〜週日 7:00 〜 24:00
網址 www.fuglen.com

找回屬於自己的生活片段
LOST AND FOUND

　　LOST AND FOUND 的店名意即「失物招領處」，店內販售簡約風格的器皿、廚房道具等生活用品，風格帥氣看似年輕化的商店，其實是由百年陶瓷大廠 NIKKO 負責營運。NIKKO 雖然是極具歷史的公司，但仍保有嶄新的思維，除了開發商品外，也著眼永續性，推行針對餐廳的出租盤，甚至是將廢棄食器化身肥料等。

　　2021 年，NIKKO 找來擅長品牌塑造，旗下也經營許多餐飲店的公司 TRANSIT 負責企劃，由知名選品店「Roundabout」及「OUTBOUND」的主理人小林和人擔綱選品，再由擅長極簡文字排列的平面設計師平林奈緒美操刀 logo 設計，身為平林奈緒美粉絲的我也忍不住帶走了 logo 圖案的托特包和收納袋。

　　店內的空間分為兩個部分，外側設置了大量木質層架，架上精心陳列著來自日本或海外的生活雜貨。穿越以起家工廠磚窯為意象拱形的磚門，內側空間展示了 NIKKO 百年來的商品，其中特別喜歡由平林奈緒美擔任總監的「REMASTERED」系列，以純白精細骨瓷為素材，輕薄透光之餘有著極高強度，不管是使用微波

店內選品包含來自德國的刷具品牌 Redecker。

繞過加油站旁寫著店名的圍牆，才能到達入口。

map

由 NIKKO 所開發，人和植物都能使用的 Table Planter 系列器皿。

爐或洗碗機都沒有問題，除了簡約美觀外，也兼具實用性。希望
在這快時尚盛行，轉速極快的時代裡，讓更多人能夠在這裡找回
不被流行左右的好品質商品。

生活商品選物店／ LOST AND FOUND ／代々木八幡

地址　東京都渋谷区富ヶ谷 1-15-12
電話　03-5454-8925
時間　11:00 ～ 19:00，週二休
網址　lost-found-store.jp

垂直文化城中的美術館
Tokyo Opera City Art Gallery

　　Tokyo Opera City 坐落在澀谷與新宿交界之際，由建築師柳澤孝彥設計，是一棟有 54 樓高的高樓建築，將藝術文化、商業及消費集中，除了音樂廳和美術館之外，中間的樓層也作爲辦公大樓出租，內部還有許多商店、餐廳，甚至診所進駐，在垂直的大樓中形成一個城市，所以命名爲 Tokyo Opera City。其中的美術館 Tokyo Opera City Art Gallery 開幕於 1999 年，館藏展由身爲 Tokyo Opera City 共同營運者的收藏家寺田小太郎提供，大部分是二戰後日本國內作家的作品。企劃展則以 20 世紀後的現代美術爲中心，一年約有四個檔期展出，另外 Tokyo Opera City Art Gallery 也成立了「project N」，提供通過評選的新銳藝術家展出的場所與機會。

　　純白色基底的館內共有 4 個展場，分別配置有不同的空間尺寸、天花高度和採光方式，能夠配合各種不同類型的作品，並能靈活的在不同的展期呈現出不同的空間感。上一次是因爲研究所時期系上教授片山正通的收藏展〈片山正通的百科全書 Life is hard...Let's go shopping.〉訪問。以前在學校裡的工作室窗口正對著校門，

展覽現場：〈片山正通的百科全書 Life is hard...Let's go shopping. 〉，2017 年。

Jonathan Borofsky，〈Singing Man〉，1998 年。

展覽現場：〈片山正通的百科全書 Life is hard... Let's go shopping.〉，2017 年。

偶爾可以看到在學校裡穿梭，充滿氣場的片山教授。當時系辦會
將有刊載老師相關訊息的雜誌放上公布欄，我們總笑說其他系上
教授都是登上《AXIS》《商店建築》等設計雜誌，只有片山教授
總是登上《GQ》等時髦的流行雜誌。而這個展充分的顯示了他的
品味與審美觀，將他收藏的書本、CD、標本、古董、家具、多肉
植物及藝術品大量展出，唯一的共同點是他喜歡「打破既有觀念
的東西」，除此之外種目繁雜，形成龐大有如百科全書的收藏，
以他自有的分類法做分類，讓人一窺片山正通腦中的世界。

　　除了美術館裡的展覽之外，Tokyo Opera City 的中庭的藝術
作品也是大有來頭，莫約一層樓高的人像雕塑，為美國藝術家
Jonathan Borofsky 最著名的〈Singing Man〉巨人系列。在幼年曾
經聽父親說過許多關於巨人的童話，他以其為原點，在德國柏林

及法蘭克福、美國西雅圖、紐約及洛杉磯、韓國首爾等世界各地設置了不同主題的巨人，有的敲打著錘子，有的在行走，Tokyo Opera City 的則十分符合這個空間的開合著嘴巴唱著歌。像這樣的大型公共藝術不只成為視覺的焦點，也軟化了僵硬的都市空間，如此把藝術切題的帶進城市，也是我們值得借鏡的地方。

● 教職與設計師身分同樣活躍

片山正通，室內設計公司 Wonderwall 代表，同時也是武藏野美術大學空間演出設計系的教授。他的作品遍布海外與日本，帶有強烈的現代風格，其中以紐約、巴黎、倫敦等世界各地的 UNIQLO 旗艦店最具知名度，2017 年底熄燈的巴黎知名選貨店 colette、在表參道、丸之內和京都祇園都有分店的二手選物店 PASS THE BATON 也都出自他的設計。他在武藏野美術大學不定期舉辦名為「instigator」的講座，招攬各業界的知名人士，創意總監佐藤可士和、潮流教父 NIGO®、藝術家名和晃平、攝影師蜷川実花、導演是枝裕和都曾出席，以對談的模式探討如何將自身的興趣轉為工作，每次到了領取號碼牌的日子總是大排長龍，現在講座內容已集結成冊，也成為片山正通的作品之一。

美術館／ Tokyo Opera City Art Gallery ／初台
地址 東京都新宿区西新宿 3-20-2
電話 03-5777-8600（語音服務電話）
時間 11:00 ～ 19:00，週一休
網址 www.operacity.jp/ag/
票價 依展覽而定

一週只開三天的甜點店
Sunday Bake Shop

　　總是會刻意挑選在週日、週三或週五到 Tokyo Opera City Art Gallery 看展，原因沒有別的，就是爲了一嘗 Sunday Bake Shop 的美味蛋糕。一開始只有星期天營業的 Sunday Bake Shop 藏身初台住宅區旁的商店街上，穿過 Tokyo Opera City 和新国立劇場後沿路少有人煙，但 Sunday Bake Shop 仍然靠著口碑漸漸成爲人氣店，並在 2019 年往西搬遷至目前的店址。雖然需要多走一點路，但仍然可以和 Tokyo Opera City 組成套裝行程。

　　Sunday Bake Shop 的蛋糕走的是溫柔而質樸的路線，以沒有過多裝飾的烘焙系甜點爲主，隨著四季更迭加入不同的水果製作。招牌的胡蘿蔔蛋糕和司康是人氣品項，經常在中午前就銷售一空，不擅長早起的我至今仍未成功吃到過。上次訪店享用到的甜點是雙倍巧克力布朗尼，布朗尼市面並不少見，但 Sunday Bake Shop 製作的布朗尼的確美味，巧克力味濃郁，外殼酥脆，內餡濕潤，同時也和淺焙的咖啡十分對味。

　　因爲有多種營業模式，其中也包含只販售咖啡而幾乎沒有甜點的咖啡日，建議造訪前先確認過官方 Instagram，興沖沖走了長長的一段路之後吃不到甜點的失落感還是留給我體會就好了！

商店街上小巧溫馨的店面。

手沖淺焙咖啡和布朗尼，一直很想續盤。

不只甜點美味，工作人員也都很親切。

蛋糕店／Sunday Bake Shop ／幡ヶ谷

地址　東京都渋谷区本町 6-35-3
電話　03-5353-0756
時間　甜點店營業日爲週三、週五、週日
　　　時間不固定，不定休
　　　詳細開放時間請參考官方 Instagram
網址　sundaybakeshop.jp

說起下町，可以想起的大部分是風情，區域事實上並沒有很清楚的界定。江戶時代的武士大多居住在被稱爲「山の手（山的方向）」的市區和山區，較低窪且靠河靠海的下町因爲水運便利，商人或職人多定居於此，以東京來說，大致上都坐落在靠東側的位置。這裡的部分區域在二戰時受到戰爭的衝擊較小，或因不在市中心而避免了大規模的都市更新及重劃，許多地方保留了舊時代的街區模樣，充滿人情味的老街至今仍能感受到接地氣的庶民文化。

東京第一個世界文化遺產
国立西洋美術館

　一出上野車站，對面就是幅員廣大的上野恩賜公園，公園除了綠地之外還包含天然池塘、寺院、動物園、博物館、美術館等，總面積將近 54 公頃，是東京都內第六大的公園，国立西洋美術館就位在其中。2016 年国立西洋美術館也以法國建築巨匠柯比意的 17 件建築群之一，被登錄在聯合國教科文組識的世界遺產之列，其餘作品坐落在法國、瑞士、比利時、德國、阿根廷、印度，是東京登錄世界文化遺產的首例。

● 近代建築之父

　柯比意（Le Corbusier）是法國的建築師、室內設計師、雕塑家、畫家，同時也是 20 世紀最重要的建築師之一，他被稱爲功能主義之父，也是國際樣式派的代表之一。柯比意並未受過專業的建築教育，爲了繼承父親身爲時鐘職人的家業，他曾經在裝飾藝術學校學過雕刻，但面臨產業式微，才在校長的介紹之下開始跟著建築師學習。或許就是這樣獨特的學習經歷，讓他有許多不同於傳統的觀點，他提出著名的「新建築五點」：底層挑空、屋頂花園、自由平面、橫向長窗及自由立面，這些當時難以想像的設計型式在後來的建築界被廣泛運用，深刻地影響了現代建築設計，至今仍是很多人心中崇拜的建築大師。

Auguste Rodin，〈The Gates of Hell〉（地獄之門），1880-90 年前後／ 1917 年（原型），1930-33 年（鑄造），国立西洋美術館（松方收藏）。

Émile-Antoine Bourdelle，〈Hercules the Archer〉（弓箭手海克力斯），1909 年（原型），国立西洋美術館。

Tiziano Vecellio, called Titian and workshop，〈Salome with the Head of St. John the Baptist（莎樂美接收施洗者約翰的頭）〉，1560-70 年前後，国立西洋美術館。

1. 上下樓以斜坡代替樓梯，能在不同高度看見不同空間感。
2. 2 樓迴廊式的展覽空間。
3. 原本柯比意預設的出口空間，實際上沒有被使用。

　　国立西洋美術館建立於 1959 年，川崎造船所（現川崎重工業）社長松方幸次郎早年曾從英國倫敦收集許多西洋美術品，其中部分擺放在當地倉庫，不幸在火災中遺失，而寄放在巴黎羅丹美術館的部分，則在二戰後全數被法國接收，直到《舊金山和約》訂定，才將作品以寄贈的形式歸還。不過歸還還有個條件，法國希望能有一間專門的美術館收藏這些作品，這才造成了興建国立西洋美術館的契機。

　　建築以柯比意爲首，他帶領三位日本弟子前川國男、坂倉準三、吉阪隆正共同設計，這三位建築師日後也成爲了日本現代主義建築泰斗。室內空間並非以牆作爲主要結構，而選擇以柱列帶出空間的通透感。展示迴廊的概念來自 1939 年柯比意提出的「無限擴張的美術館」概念，螺旋形的空間讓觀展者除了觀看作品之外也能體會空間的趣味性。我自己最喜歡的則是柯比意建築的細節，極簡流線的扶手和挑高的露臺也看得出他崇尙的幾何之美，小地方也都值得玩味。

　　當然除了美術館的建築本身之外，館藏也十分精彩，新館展示著印象派畫家莫內、雷諾瓦、梵谷等人的畫作。甚至不用進到館內，在館外就能看到羅丹的〈The Thinker〉（沉思者）和〈The Gates of Hell〉（地獄之門）。就算平常不常接觸，從這些家喻戶曉的作品開始切入，再以經典的建築空間爲背景，或許更容易對西洋美術產生興趣也不一定。

※ 攝影協力：国立西洋美術館

白色牆面上金色畫框內裝有許多西洋名畫。

美術館／国立西洋美術館／上野

地址 東京都台東区上野公園 7-7
電話 03-5777-8600（語音服務電話）
時間 9:30 ～ 17:30、週五、週六 9:30 ～ 20:00，週一及過
　　 年期間（12 月 28 日～隔年 1 月 1 日）休，週一若爲
　　 國定假日或補假，則照常開館，隔天休館
　　 ※ 最後入館時間爲閉館前 30 分鐘，其他延長時間
　　 請參考官網

網址 www.nmwa.go.jp/
票價 常設展 ¥500，每月的第 2、第 4 個週六及 11 月 3
　　 日「文化 の日」、5 月 18 日「国際博物館の日」免費；
　　 企劃展依展覽而定

在藝術森林裡發揚藝術
上野の森美術館

　　上野恩賜公園外圍的另一間美術館就是上野の森美術館（上野之森美術館）。它曾是日本歷史最悠久的藝術團體：日本美術協會的旗下會館，經過翻修整建後於 1972 年開館，在歷史悠久的公園園區算是較年輕的美術館。也因此，上野之森美術館的展覽相對活潑許多，未設有館藏展，大部分展出國內外美術、書法作品之外，2008 年漫畫家井上雄彥的個展〈井上雄彥 最後のマンガ展〉（井上雄彥 最後的漫畫展）展示了他的漫畫《バガボンド》（浪人劍客）原畫共 140 張，吸引超過 10 萬名漫畫迷排隊朝聖。但創下開館至今最高人次紀錄的則是 2017 年的〈怖い絵〉（恐怖畫作）展，展出法國學院派畫家保羅.德拉羅什（Paul Delaroche）的作品〈珍.葛雷夫人之處刑〉等恐怖主題畫作，並有導覽講解畫作的可怕之處，同時具有話題性和教育性，吸引了超過 41 萬人進場，

　　不過我自己最喜歡的展覽則是 2013 年的〈種田陽平による三谷幸喜映画の世界観展〉（種田陽平的三谷幸喜電影的世界觀展）。種田陽平是日本知名的電影美術家，他擔任藝術指導的電影包含我們都很熟悉的吉卜力動畫《借りぐらしのアリエッティ》（借物少女艾莉緹），還曾來台並以《賽德克・巴萊》入圍金馬獎最佳美

真的隱身在樹林之內的入口。

造訪時正在舉辦書法展覽。

map

整個上野恩賜公園的基地內還有餐廳及咖啡廳,可以享受彷彿在森林用餐之感。

術設計。他同時也是導演三谷幸喜的御用美術設計,他們從 2006 年的《THE 有頂天ホテル》(有頂天大飯店)開始合作,一路到 2013 年的《清須会議》,其中累積的草圖、模型甚至爲電影製作的小道具都一一展出,看過三谷幸喜的電影再看這個展更能驚嘆於種田陽平的設計不但具有風情,細節設定更是精準而充滿邏輯,讓人不禁也看著模型幻想起自己也能遊走在電影的世界裡。

美術館／上野の森美術館／上野
地址 東京都台東区上野公園 1-2
電話 03-3833-4191
時間 10:00 ～ 17:00,不定休
網址 www.ueno-mori.org
票價 依展覽而定

日本首間公立美術館
東京都美術館

　　東京都美術館成立於 1926 年，原本叫做東京府美術館，是日本第一間公立的美術館。當時開始每年 9 月就會舉辦日本美術院展，以及美術團體的二科會展，10 月也會舉辦文部省美術展，因爲重要展覽集中在 9、10 月秋天的關係，「藝術之秋」一詞才開始廣爲流傳，至今仍有許多重要藝術展覽及藝術祭選擇在秋天舉辦。

　　雖然說是公立美術館，但東京都美術館的全數建設資金都由北九州的石炭商佐藤慶太郎提供，他長年希望日本能夠擁有一座隨時可接觸到藝術的美術館，東京都美術館由此而生。第一代的建築體由活躍於大正、昭和初期的建築師岡田信一郎設計，目前仍身爲日本五大建設公司之一的大林組負責建造。但在長期多人使用之下，東京都美術館在 1960 年代後期很快的就面臨了老朽化，於是 1975 年由建築師前川國男設計的新館落成，在整個上野公園中除了東京都美術館之外，東京文化会館也是他的作品，兩者館內至今仍都充滿溫潤的昭和風情。公園在都市計畫法下規定建築高度不得超過 15 米，因此東京都美術館有 60% 的面積都埋藏在地下，並將展場區分爲企劃及常設展區、公募展區以及文化活動區三棟，依照各自不同機能配置，各有各專屬的空間。

井上武吉，〈my sky hole 85-2 光と影〉，1985 年。

美術館的入口在地下區塊，下了樓梯就能看見。

map

充滿舊時代昭和風情的大廳。

　　東京都美術館期望成為人們「藝術的入口」，也因此展覽類型極廣，除了上述提到的企劃展、常設展、公募展外，還有活用館藏舉辦的館藏活用展、與東京藝術大學等校合作的學校教育展外，最有名的就是與媒體機關共同主辦的特別展了。2012 年的〈マウリッツハイス美術館展 オランダ・フランドル絵画の至宝〉（莫瑞泰斯皇家美術館展 荷蘭・尼德蘭繪畫的至寶）展覽創下當年全球最有人氣的觀展紀錄，每日有 10,573 人進場觀賞以〈戴珍珠耳環的少女〉為首的 17 世紀荷蘭名畫，吸引許多平常未曾接觸展覽的人前往觀賞真跡，成功達成傳遞藝術文化的目標。

美術館／東京都美術館／上野

地址　東京都台東区上野公園 8-36
電話　03-3823-6921
時間　9:30 ～ 17:30、舉辦特展期間的週五 9:30 ～
　　　20:00，每月第 1、第 3 個週一休
網址　www.tobikan.jp
票價　依展覽而定

回到浮世繪大師的出生地
すみだ北斎美術館

　　就算對浮世繪這個領域陌生，也應該曾經看過由葛飾北齋所繪製的〈冨嶽三十六景〉，尤其是描繪富士山，通稱「紅富士」的〈凱風快晴〉、通稱「黑富士」的〈山下白雨〉，以及以波浪爲畫面主角的〈神奈川沖浪裏〉這三幅最爲有名。浮世繪是起源江戶時代的繪畫形式，大部分以版畫爲主，另外也有被稱作「肉筆画」的手繪作品。「浮世」一詞帶有「現代風」的意義，主要描繪當時人們的日常生活及風景，此外也常見以戲劇、演員、美人或是以春畫爲題材的人像作品，因爲題材切身又能大量複製而成爲大衆文化，大受歡迎。

　　葛飾北齋生於 1760 年的江戶中期，他不分版畫或手繪，一生致力於追求繪畫技術，直到晚年也不懈怠，生涯發表了超過 3 萬件的作品。他曾改名 30 次，搬家 93 次，然而大部分都離不開他誕生的墨田區，他的作品中也常能見到描繪兩國橋、三圍神社和牛島神社等代表當地的景色，甚至「葛飾」一名也是出自墨田區在古代所屬的區劃「葛飾郡」。而在 2016 年開幕的すみた北斎美術館（墨田北齋美術館）就設置在這個與他具有緣分的區域，建築師妹島和世設計的美術館外型就已掀起一陣話題。美術館設置在

鏡面鋁板的建築量體會依週遭景物改變色澤。

休憩空間就很有妹島風格，白淨透亮。

美術館前方有著整片的公園遊具，和美術館相映成趣。

公園內，同時降低建築物的整體高度，以淺色鏡面鋁板拼貼出立面，這些講究都是為了讓美術館更親民，也讓美術館更能融入下町的風景和尺度。妹島的作品大都使用許多充滿透明感的透明、半透明的建材，すみだ北斎美術館卻選擇以不透明鋁板包裹，整體不開窗的原因是為了阻斷光線，保護珍貴的浮世繪作品，透過建築量體切出的斜角採光，縫隙中以鐵網帶出光影，還能從中眺望墨田區的象徵：Skytree。

1. 螺旋樓梯的細節十分精緻。
2. 葛飾北齋，〈凱風快晴〉，1831 年前後。
3. 入口處的玻璃及結構。
4. 鐵網中可以窺見 Skytree ！
5. 互動式的展覽方式可以輕鬆了解葛飾北齋的生平。

map

● 獨特而輕盈的浮游感建築

建築師妹島和世爲建築組合 SANAA 的成員之一，另一位成員是設計有十和田市現代美術館、豐島美術館、輕井澤千住博美術館的建築師西沢立衛，兩人曾以金澤 21 世紀美術館在 2004 年共同拿下威尼斯建築雙年展的金獅獎，也在 2010 年獲得建築界最高榮譽普利茲克獎。她擅長使用透明材質，設計帶有浮遊感，並且極具穿透性，量體輕盈的建築物，除了建築之外也多方面涉獵室內、都市、家具設計等領域。SANAA 在台灣的第一件公共作品「台中綠美圖」（Taichung Green Museumbrary）也預計在 2025 年啟用。

不只作品和建築，すみだ北斎美術館常設展的展示方式也是一大看點。先進的使用大量觸控式螢幕引導民眾在操作中學習有關浮世繪及關於北齋的知識，也可以在此了解北齋和墨田這塊土地的連結，最重要的是系統支援繁體中文！看著北齋的作品以如此現代化的方式被展出，可以預期他的作品還能更長更廣的流傳出去，讓更多人受到那道浪和富士山所感動。

美術館／すみだ北斎美術館／両国
地址 東京都墨田区亀沢 2-7-2
電話 03-5777-8600
時間 9:30 ～ 17:30，週一休
網址 hokusai-museum.jp
票價 常設展 ¥400，企劃展依展覽而定

| 設計旅館 |

保有質感的極簡旅店
DDD HOTEL

　　在東京生活的幾年，大部分時間都住在屬於「市部」的東京西側，除非有特殊目的，平常在市區出沒的地點也甚少超出山手線新宿～品川之外。畢業返台後再訪東京，依舊是習慣住在固定的區塊，這次趁著和朋友一起前往東京的機會，從珍藏的設計旅館當中挑選出了 DDD HOTEL。

　　DDD HOTEL 開幕於 2019 年，前身爲略有年代感的商務旅館，在外觀上，DDD 巧妙地只改造了屋凸、低樓層及入口部分，保留下的紅磚外牆及拱形窗在插入新穎的設計語彙後頓時顯得雋永而經典。DDD 希望「保留眞正需要的物件，並以最高的品質提供需要的份量」，也因此以墨綠色爲基調的房內空間設計沒有一絲多餘。在挑選飯店的時候，浴室是我選擇的重點之一。DDD 雖然沒有浴缸，但並非商旅常見的一體成型浴室，以乾淨灰色方格磁磚打造的浴室用起來舒適不壓迫，備品、毛巾和吹風機也都經過精心挑選，讓回到旅館梳洗的時間也眞正成爲休息的過程。雖然地理位置並不是大家太熟悉的區塊，但離地鐵站不遠，房價以東京來說非常划算，是體驗設計旅館的入門好選擇。

紅磚外牆及拱形窗復古而可愛。　　　　大廳擺放的家具也使用了綠色統一。

麻雀雖小五臟俱全的房間，旅途中還拿了水瓶當花瓶使用。

　　除了房間之外，DDD 的公共空間也非常精彩。一樓電梯旁原本是立體停車場的空間則進駐了藝廊「PARCEL」，非典型的展覽空間之中展出的也大多是年輕新銳藝術家的作品，作品的設置通常會一路延伸至 1 樓大廳。另一側以黑色弧型牆面隔出的區塊是強調永續的米其林法式餐廳「nôl」，2 樓的 cafe & bar「abno」在不同時段有不同的營業模式，從咖啡到酒都能享用，是讓人忍不住會想久待的旅館，下次還想回訪！

設計旅館／ DDD HOTEL ／馬喰町
地址　東京都中央区日本橋馬喰町 2-2-1
電話　03-3668-0840
網址　dddhotel.jp

共同展開藝術新局面
まるかビル（Maruka 大樓）

　　まるかビル位於 DDD HOTEL 後的巷子內，原本這棟建築是一家蕎麥麵老店，之後由 DDD HOTEL 的母公司收購，原本預計以 DDD HOTEL 的一部分營運，然而受到疫情的影響，計劃暫時中止。直到 2022 年，負責人武田悠太先生決定讓旗下的藝廊，也就是 DDD HOTEL 內的「PARCEL」以第二據點「parcel」的身分在 2 樓營運，找來擅長減法的設計師関祐介重新改裝整棟大樓，1 樓大膽地挖去所有多餘牆面，只留下結構柱作爲停車場。

　　除了以現代美術爲主「parcel」之外，3 樓和 4 樓也分別進駐了不同風格的藝廊。3 樓的「NEORT++」專營數位藝術，先前曾展出數位藝術作品〈MOMENT〉，每售出一個 NFT，現場的櫻花就會多綻放一朵，是能夠體驗 NFT 藝術及實際接觸數位藝術展演的藝廊空間。4 樓的「CON_」由年輕的團隊組成，展覽也大多是新銳藝術家的聯展，2023 年的展覽〈ULTRAOBJECTS〉由五位年輕亞洲藝術家使用各自擅長的服裝、雕塑等媒材，呈現各自對於物件的探討。まるかビル嶄新的藝術聚落型態，似乎能帶來更多不同角度的藝術視野。

大膽地把 1 樓挖空作爲停車場使用。　　展覽現場：〈Exhibit 6〉，2024 年。

停車場後側的入口空間，用高低差做出特別的入口情境。

展覽空間／まるかビル／馬喰町

地址　東京都中央区日本橋馬喰町 2-2-14
時間　依店鋪而定
票價　免費

復古大樓內的咖啡時光
Bridge COFFEE & ICECREAM

只要在 DDD HOTEL 附近走動，目光絕對會被附近轉角一棟低樓層貼滿深藍綠色磁磚的大樓吸引，有著細長的窗戶，建築語彙復古迷人，後續調查了一番之後才發現其歲月感並非仿舊，而是真真正正由近百年歷史釀成。這棟老鷹大樓源自大正～昭和初期，在東京的輔助金下興建而成，鋼筋混凝土的耐震防火建築在當時算是走在時代的尖端，也因此在二戰的空襲之下也留存了下來，成為鄰近區域最具歷史的建築物。

Bridge COFFEE & ICECREAM 有著斜切的大門，退縮出了一點玄關空間和戶外的座位。內部空間和外觀一樣帶有復古韻味，擺放了許多老件家具，有著飾板的木製吧台及其他木椅也讓白色空間充滿暖意。店裡主要提供咖啡及冰淇淋，但是我們點來當作早餐的三明治也很美味。由於鄰近商業區，店內也有不少前來用餐歇息的上班族，以及猜想是住在附近的觀光客。面對著馬路的大面開窗有著陽光灑落，難怪不同客層都有志一同的選擇了 Bridge COFFEE & ICECREAM 做為短暫充電的好地方。

位在馬路轉角處的 Bridge COFFEE & ICECREAM。

吧台左手邊的麵包櫃裡有著當天供應的三明治和烘焙點心。

深藍綠色磁磚低調但仍吸引目光。

咖啡廳／ Bridge COFFEE & ICECREAM ／馬喰町

地址 東京都中央区日本橋馬喰町 2-2-14
電話 03-3527-3399
時間 8:00 ～ 19:00，假日 9:00 ～ 19:00
網址 www.instagram.com/cafe.bridge

帶來獨特視點
水犀 mizusai

　　從 DDD HOTEL 旁的淺草橋車站搭乘淺草線一站的距離，或在好天氣往東北方徒步約 20 分鐘即可抵達藏前。藏前自古以來就齊聚了許多職人，被稱爲「ものづくりの街」（製作的城鎮），而近幾年許多年輕藝術家或品牌重新翻修舊有的倉庫或工廠進駐，加上隔田川水岸的悠閒氛圍，讓藏前成爲了東京東部新興的熱區之一。

　　2019 年，以展出陶藝作品爲主的水犀開幕，地點位在藏前巷弄內舊大樓的 3 樓，徒步圈內還有許多我清單上的有趣小店，大樓的 1 樓則是曾進駐台灣的文具店家「カキモリ - Kakimori」。水犀的空間由靑山知名店家「はいいろオオカミ + 花屋 西別府商店」（灰狼＋花屋 西別府商店）設計，同時他們也是水犀舉辦的第一場展覽的藝術家，之後也結合他們擅長的古董與花藝，多次在此展出。2023 年的展覽〈Botantique〉以食蟲植物標本爲主，搭配以古物製作的燈具和從俄羅斯及喬治亞搜集來的古道具擺設，大量使用松蘿鳳梨布置的空間也呈現出了不同的氛圍。

位於大樓內一室的水犀外觀。　　櫃檯上放置著許多不同風格的作品。

展覽現場：はいいろオオカミ＋花屋 西別府商店 ，〈Botantique〉，2023 年。

map

展覽現場：小泉巧 內藤紫帆 2 人展，〈水平と垂直からのジャンプ〉，2023 年。

　　「水犀」這個名字其實來自傳說中的神獸，包含著想以獨特視點介紹作品的心意。其實在親自走訪前就已追蹤水犀的社群帳號好一陣子，常在裡面看到擊中我心的作品，這些作品通常簡約而細緻，偶爾也美麗卻帶點怪奇。推薦大家追蹤起來！

展覽空間／水犀 mizusai ／蔵前
地址　東京都台東区三筋 1-6-2 小林ビル 3F
電話　03-5846-9118
網址　mizusai.jp

最大級的現代美術據點
東京都現代美術館

　研究所時期我自己訪問率最高的三間美術館分別是森美術館、WATARI-UM，再來就是位於清澄白河的東京都現代美術館了。當時 Blue Bottle Coffee 還未進軍日本，尚未掀起咖啡浪潮的清澄白河區域安靜中帶有庶民氣息，散步到東京都現代美術館大概需要 10 分鐘，建館當時曾被批判交通不便，但沿途觀察混雜著個性藝術文化藝廊小店，和具生活感的在地店家的街道輪廓（印象最深刻的是深川江戶資料館通り上有家雜貨店老闆總是帶著武士頭假髮在外吆喝），也是別有一番趣味，從未覺得路途遙遠。

　東京都現代美術館於 1995 年開館，擁有約 5,000 件館藏，大多來自東京都美術館，透過這些館藏作品和國際化的企劃展，包含繪畫、雕刻、時尚、建築、設計等豐富領域，致力振興現代美術文化。另外館內的美術圖書室也擁有約 10 萬冊的美術相關書籍，再加上不時舉辦的各種講座和活動，都希望能將藝術成為更普及的知識，讓一般社會大眾也能擁有審美的眼光。建築和同期建設的 Tokyo Opera City 一樣，由主理 TAK 建築都市計畫研究所的建築師柳澤孝彥設計，以巨大的三角形構成的入口意象讓人印象深刻，這些三角也一路貫穿整個建築物，塑造出虛實交錯的空間。

由巨大三角形構成的入口意象。

展覽現場：〈ミシェルゴンドリーの世界一周〉（Michel Gondry 的環遊世界），2014 年。

1.《Mood Indigo》（泡沫人生）裡出現的飛天車。
2. Michel Gondry，〈1000 人の似顔絵〉（1000 人的肖像畫），2014 年。
3. Michel Gondry 風味拍攝佈景中的火車場景。
展覽現場：〈ミシェル・ゴンドリーの世界一周〉（Michel Gondry 的環遊世界），2014 年。

另外美術館的面積在日本數一數二，若不計算別館空間，地上 3
層地下 2 層，33,000 平方公尺的佔地在日本美術館裡是最大的，
再加上挑高的樓高，就算展示大型作品也游刃有餘。

看過的展覽當中最印象深刻的是非常喜歡的法國導演 Michel
Gondry 的個展〈ミシェル・ゴンドリーの世界一周〉（Michel
Gondry 的環遊世界），早年執導音樂錄影帶出身的他以《Eternal
Sunshine of the Spotless Mind》（王牌冤家）一作聞名，獨特的敍
事手法和如夢似幻的場景都是他大受歡迎的原因。現場除了放映
他代表性的 19 首音樂錄影帶之外，也能看見電影《The Science of
Sleep》（戀愛夢遊中）《Mood Indigo》（泡沫人生）所使用，
宛如藝術作品的道具和手稿，就算沒看過電影，單就作品來看
也十分有趣。另外最特別的是展覽現場陳列了 12 座具有 Michel
Gondry 風味的拍攝佈景，提供團體報名拍攝自創電影並放映，能
夠親身體驗成爲電影大師的感覺。

東京都現代美術館在 2016 年開始休館大規模整修，並於 2019
年 3 月再度開館。在施工結束前，美術館與藝術家池田光宏合作，
他擅長轉化現實看見的景象成爲具有想像力的風景。東京都現代
美術館請他發揮這點，和當地的小學合作 workshop，池田光宏請
小學生們以自己住家附近清澄白河一帶風景爲創作內容，再和自
己的作品合影，最後輸出張貼在長長的工地圍籬上，讓整修中的
東京都現代美術館也滿溢童趣的生命力。

光線透過三角形內的圓形孔洞照射進館內的樣子。

美術館／東京都現代美術館／清澄白河

地址 東京都江東区三好 4-1-1
電話 03-5777-8600
時間 10.00 〜 18:00，週一休
網址 www.mot-art-museum.jp
票價 依展覽而定

　　圍繞著東京都現代美術館，還有許多有個性的現代美術藝廊，訪問美術館的同時別忘了順道逛逛！

HARMAS GALLERY

　　2012 年從門前仲町搬遷至清澄白河的 HARMAS GALLERY 以日本新銳藝術家的展覽介紹為主，也提供租借給學生展出，重新粉刷成純白色的門面和綠色大門在附近具有歷史感的住宅中特別顯眼。而原本週三跟週五進駐的甜點店 PARLOUR，也於 2019 年在步行 2 分鐘距離處獨立展店，很推薦順便去外帶常溫點心。

展覽空間／ HARMAS GALLERY ／清澄白河
地址 東京都江東区清澄 2-4-7
電話 03-3642-5660
時間 依展覽而定
網址 harmas.fabre-design.com

map

KANA KAWANISHI GALLERY

　　設立 KANA KAWANISHI GALLERY 的河西香奈曾留學英美，她旗下的公司除了藝廊之外，也有以營運出版業及藝術企劃的 KANA KAWANISHI ART OFFICE。KANA KAWANISHI GALLERY 的展覽內容以攝影、雕塑及裝置藝術為大宗，原本是空手道場的空間在重新鑲上白色落地窗框後倒也顯露出了現代的面貌。

展覽空間／ KANA KAWANISHI GALLERY ／清澄白河
地址 東京都江東区清澄 4-7-6
電話 03-5843-9128
時間 週三～週五 13:00 ～ 18:00
　　 週六 13:00 ～ 19:00，週日～週二休
網址 www.kanakawanishi.com

map

ミツメ

　ミツメ（MITSUME）位於隅田川和小名木川的交會區塊，原本
是印刷工廠，經過翻修成為了白色及木質調的創意空間。主宰
這個空間的坂野充学是一位創意總監，也是展覽空間 3331 Arts
Chiyoda 的創立者之一，而後在 2014 年成立了ミツメ。2022 年於
空間內開始了名為「MISONOMI」的咖啡廳企劃，帶來更多與食
衣住行結合的藝術體驗。

展覽空間／ミツメ／清澄白河
地址　東京都江東区常盤 1-15-1
時間　11:30 ～ 17:00，週一、週二休
網址　mi-tsu-me.com

map

無人島プロダクション

　從藝術經紀、展覽企劃、商品製作到書籍出版，操作內容廣泛
的無人島プロダクション（無人島製作）在 2010 年由高圓寺轉移至
清澄白河，由居酒屋改裝的空間在藝廊中也十分少見。旗下藝術
家以藝術團體 Chim↑Pom 為首，多是批判社會而獨樹一格的藝
術家及展覽，在日本的現代藝術界顯得反骨而刺激，值得一訪。

展覽空間／無人島プロダクション／江東橋
地址　東京都墨田区江東橋 5-10-5
電話　03-6458-8225
時間　週二～週五 13:00 ～ 19:00
　　　週六、週日 12:00 ～ 18:00，週一、國定假日休
網址　www.mujin-to.com

map

老公寓的傳統與新生
fukadaso

　　原名「深田莊」的 fukadaso 是棟已有超過 50 年歷史，沒有浴室的公寓及倉庫。在 2011 年 311 東日本大地震時深田莊的外壁接近全毀，原本預計拆除，而專營老屋翻新的建築工作室 YUKUIDO 決定接下管理，以最簡單、能呈現原本風貌的方式整修，室內僅做了耐震補強並重新油漆，看似很有歲月痕跡的做舊鐵皮外牆反而是整棟樓最年輕的建材。

　　fukadaso 內最具代表性的就是一樓的同名咖啡廳 fukadaso CAFE，提供咖啡及手作蛋糕、鬆餅，仍帶有原本舊建築面影的店內混搭了古董家具及具現代感的木造家具，別緻的空間也提供各種活動及攝影租用，曾被日本電影《オオカミ少女と黑王子》（狼少女與黑王子）相中成為拍攝的場景之一，是男主角山﨑賢人朋友家開的咖啡廳，也因此吸引不少粉絲朝聖。2 樓目前開放給各式商店及工作室進駐，像是以科學實驗器材為基礎，製作生活器皿的リカシツ（RIKASHITSU）、自然酒商店 vicino 等等。除了商店外，fukadaso 也不定期舉辦花藝、瑜珈、市集等生活化的活動，除了吸引觀光客外也希望能傳承舊時代鄰居關係緊密的優良傳統，成為在地居民的交流場所。

給人強烈印象的做舊鐵皮外牆　　　　　　通往 2 樓的樓梯旁掛有介紹入居者的看板。

充滿昭和時期木造公寓特色的內走廊。

複合式空間／fukadaso／清澄白河

地址 東京都江東区平野 1-9-7
電話 03-6321-5811
時間 cafe13:00 〜 18:00、週五 13:00 〜 21:30，
　　　 週二、週三休。其他店家營業時間請參考各單位網站
網址 fukadaso.com

自由得像是紐西蘭
iki ESPRESSO

　　iki ESPRESSO 所處的區塊在清澄白河是人煙較稀少的地方，畢竟人潮指標的 Blue Bottle Coffee 及東京都現代美術館都在其他方向，這個區塊大部分是舊有的工廠及倉庫，我研究所時期實習的工作室也有道具倉庫就在 iki ESPRESSO 的同一條街上。原本在神奈川縣茅ヶ崎市營業的 iki ESPRESSO 在 2016 年移轉至清澄白河，簡單翻修原本的工廠，以白色塗裝、灰色水泥和木頭為基調，帶出簡約的輕工業風格。老闆原瀨輝久年輕時長期旅居紐西蘭，曾是橄欖球選手的他在引退後著迷於當地的咖啡文化，他認為咖啡廳應該以人為中心，就像在紐西蘭，咖啡廳不只是販售咖啡，而是一個交流的場域，不管是什麼人都能享受其中。的確平日午後造訪，店內除了打著電腦或看著書的年輕人外，也有許多騎著媽媽車，剛接完小孩的媽媽訪問，客群多元。

　　如同店名，店內的招牌是包含 espresso 的義式咖啡，訪問時點了流行於澳洲及紐西蘭的 Flat white，台灣有咖啡廳將它翻譯為「小白咖啡」，它類似拿鐵，但牛奶含量較拿鐵少，能更強烈的表現咖啡風味。使用紐西蘭引進的咖啡豆製作，iki ESPRESSO 的

店內氣氛悠閒，門口還有一桌年紀
頗長的老先生們在聚會。

玻璃櫃內還有許多烘焙類點心！

map

白色的外牆配上門口植物顯得頗有度假風情。

Flat white 不苦不酸，加上少量牛奶後的口感柔和，是就算已經在
附近喝了好幾杯咖啡，也還是會忍不住喝光光的那種溫柔風味。
除了咖啡之外，輕食菜單也十分豐富，除了適合早午餐時段享用
的班尼迪克蛋等鹹食之外，最近在 Instagram 上最火紅的是看起
來蓬鬆柔軟的厚鬆餅，如果可以早幾年在我實習時開幕該有多好
啊！

咖啡廳／ iki ESPRESSO ／清澄白河

地址　東京都江東区常盤 2-2-12
電話　03-6659-4654
時間　週一～週五 8:00 ～ 17:00
　　　週六、週日 8:00 ～ 18:00，不定休
網址　www.iki-espresso.com

將生活的時間與空間可視化
CASICA

　　新木場位於東京邊陲的沿海地帶，屬於填埋造出的人工島，就嚴格的定義來說並不是下町，但在 1969 年，儲木場、製材所及眾多木材行由清澄白河附近的木場轉移至此，也一起帶來了原本的下町風情，這裡的空氣中也總是飄散著木頭的香氣。

　　「將生活的時間與空間可視化」，CASICA 從概念到空間無一不美。由木材倉庫改建，主要是選貨店，另外結合藥膳咖啡廳、古家具工作室、展示空間、攝影棚等多種機能。咖啡廳的團隊也是大有來頭，請到料理團體南風食堂監製，以歐洲熟食小鋪的形式提供以藥膳或印度阿育吠陀為基礎的健康料理。

　　CASICA 的室內設計由鈴木善雄與引田舞的雙人團體 CIRCUS 設計，鈴木善雄同時也是焚火工藝集团的主理者，負責 CASICA 中的古家具工作室，他收集大正及昭和初期的家具或素材並加以解構、重組，重新製作出適合現代生活的家具。包含了古家具、古道具、民藝品、器皿、雜貨、書籍、植物等，CASICA 將不分時代、地域的物件集合在同一個空間，在打造出美感空間的同時，也希望能重新思考並傳達物件的魅力。

外觀保留原本木材工廠的樣貌。　　以藥鋪為設計概念的餐點櫃檯。

門後是挑高的展示空間，會不定期更改展品。

1. 堆疊擺放了古家具的區塊。
2. 陳列的植物也有販售。
3. 店內商品種類多元。
4. 組合了木櫃和木模具製成的書櫃。
5. 大部分是生活中會使用到的器具。

靠外側的餐飲空間很熱門，平日也充滿人潮。

複合式空間／ CASICA ／新木場

地址 東京都江東区新木場 1-4-6
電話 03-6457-0826
時間 11:00 〜 18:00，週一休，每月第 2、第 4 個週二休網
址 casica.tokyo

以皇居所在的千代田區為首，再加上鄰近的中央區，位處東京中心的這兩個區域從以前就是東京最早開始發展的區塊，也是經濟、信息、商業等領域的重鎮，像是日本銀行、東京證券交易所，以及日本首家百貨公司：日本橋三越都立地於此。這個區塊留有許多歷史悠久的建築，再加上近年再開發的新據點，新舊交織下帶給了中心區域更懷舊而獨特的面貌。

Area 6

中心區 Central Area

橫越一個城市的新與舊

| 美術館 |

都市叢林裡的垂直美術館
アーティゾン美術館（ARTIZON 美術館）

　　在疫情期間沒有走訪東京的那幾年，在日本朋友們上傳照片裡多次看見一座使用黑灰色石材及水磨石打造的大型樓梯，搭配牆面上纖細的指標系統設計，還有樓梯扶手等細部的燈光細節，非常精緻，於是記住了「アーティゾン美術館」這個名字。

　　ARTIZON 是「ART」與「HORIZON」合併創造出的詞彙，本來以為アーティゾン美術館是全新的美術館，後來才知道原來美術館的前身即為 1952 年開館的 Bridgestone 美術館。Bridgestone 普利司通是世界知名的輪胎製造商，創辦人石橋正二郎在經營輪胎生意時出差前往美國紐約，對身處都心大樓內的紐約現代藝術博物館 MoMA 留下了深刻印象，回到日本後就決定在東京京橋的自社大樓內設立美術館，將自己的收藏公開給大眾欣賞，後續也成立公益財團法人石橋財團，負責美術館的營運以及美術教育的研究。2015 年，Bridgestone 所在的大樓因建築老化而決定拆除重建，Bridgestone 美術館同時也歷時了 5 年的休館，同時這次的重建也為美術館重新量身打造了新的空間，並且更名アーティゾン美術館回到同一地點，以嶄新的姿態。

隱身在大樓之中的美術館。

展覽室中也設計了挑空，空間感更有層次。

1. 展覽現場：〈ジャム セッション石橋財団コレクション × 山口晃　ここへきて　やむに止まれぬ　サンサシオン〉，2023 年。
2. 藝術家山口晃以室町時代水墨畫家雪舟的〈四季山水図〉發想的作品及原作。
3. 坐上心繫已久的〈How High the Moon〉！
4. 1 樓入口側旁的 MUSEUM CAFE。
5. 由擅長互動體驗的藝術團隊 TeamLab 所製作的「Digital Collection Wall」。

MAIN LOBBY / LECTURE ROOM

MUSEUM SHOP

樓梯把手的照明、LED 字體和水磨石都好讓人喜歡。

大河劇《韋馱天》片頭使用的畫作〈東京圖１‧０‧４輪之段〉。

　　眞正親自進入館內，可以感受到許多美術館比照片更加細膩的地方。由整棟建築物由擅長大型公共建案的日建設計負責，在細節和設備上運用了許多最新科技，讓展覽的呈現更臻完美，觀展環境更加舒適，同時也獲獎無數。一樓除了令人印象深刻的樓梯之外，一旁的 MUSEUM CAFE 可以享用到許多由藝術品發想的創意料理，後方的展示架上同時也展示了義大利傳奇建築師暨工業設計師 Ettore Sottsass 的威尼斯玻璃作品。咖啡廳內的椅子及展區內的沙發也都由負責整體室內設計的設計公司 TONERICO:INC. 爲美術館量身打造。隨著知名平面設計師 廣村正彰設計的極細 LED 指標踏上樓梯，2 樓和 3 樓分別是以大量白色層架堆砌出的商店空間與入口大廳，4 ～ 6 樓都是展覽室，訪問時三層樓洽好分別展示了三個展覽。

　　出發前就很期待 6 樓的展覽〈ジャム セッション　石橋財団コレク

ション×山口晃　ここへきて　やむに止まれぬ　サンサシオン〉
（即興合奏　石橋財團藏品×山口晃　擋不住的吸引力，於
2023 年 9 月 9 日～ 11 月 19 日展出），山口晃最爲人熟知的就是
他融合日本畫與西洋畫技法繪製的現代風大和繪，曾經很著迷的
大河劇《いだてん～東京オリムピック噺～》（韋馱天～東京奧運
故事～）就曾經使用山口晃繪製的〈東京圖 1・0・4 輪之段〉作
爲片頭動畫，而這次在現場也看到了原畫。呼應「即興合奏」的
主題，他也由室町時代水墨畫家雪舟的〈四季山水図〉中吸取靈
感再轉化，爲這次的展覽繪製了新的作品。

　　整個美術館中最印象深刻的空間，對於身爲倉俣史朗迷的我來
說，自然是 6 樓展覽室入口外放置了多座倉俣史朗設計椅的空間
了，大量使用黃銅材質的牆面讓整體的光線和氛圍頓時柔軟而溫
暖了起來。除了兩張金屬菱形網構成扶手的沙發外，最有名的應
該是一樣以金屬菱形網構成，名爲〈How High the Moon〉的紅銅
色兩人座沙發。另外還有一張幾乎可以說是未曾公開過，搭配黑
色金屬管的半月形玻璃椅，這些椅子並非收藏在展區，而是實際
可以使用的。我當然沒有放過這個機會全都坐了一次，能夠親眼
觀看、親身感受倉俣史朗大師作品宛如夢境的浮游感，內心眞的
是說不出的澎湃！推薦各位家具迷親自去體驗。

美術館／アーティゾン美術館／東京

地址 東京都中央区京橋 1-7-2
時間 10:00 ～ 18:00，國定假日以外的週五～ 20:00（最後
　　　入館時間爲閉館 30 分鐘前）／週一休，若爲國定假
　　　日則照常開館，下一個平日休館
　　　展覽更換及元旦期間休館
網址 www.artizon.museum（入館需提前上網預約購票）
票價 依展覽而定，國中以下免費入場
　　　高中、大學學生持學生證可免費入場（需預約）

體驗到明治時期的美好
三菱一号館美術館

　　看起來充滿年代感的三菱一号館美術館其實開幕於 2010 年，不過在美術館開幕前，名爲「三菱一号館」的這棟赤煉瓦建築物的確充滿歷史。原本的三菱一号館建立於 1894 年，當時日本開國不久，日本政府請來英國建築師 Josiah Conder 建造三菱集團的事務所，大部分空間以當時英國流行的維多利亞建築風格 Queen Anne Style（女王安妮式）設計，但在 1968 年就面臨建築老化而拆除了。經過 40 餘年，三菱集團負責不動產的三菱地所提出重建三菱一号館，根據當時的設計圖及解體時的測量圖，並經過嚴密的文獻、照片、遺留材調查，終於在 2009 年重現了當時日本近代化的象徵，2010 年化身三菱一号館美術館重獲新生。

　　美術館企劃展的內容以 19 世紀後半到 20 世紀前半的近代美術爲主，館藏也蒐集了許多和三菱一号館相同年代的 19 世紀末期西洋美術，像是法國海報設計先驅 Henri de Toulouse-Lautrec、象徵主義畫家 Odilon Redon 等人的作品。另外三菱一号館美術館復古的風格也吸引不少日劇作為拍攝地點，像是《半沢直樹》就在館內附設的咖啡廳 Cafe1894 拍攝了用餐場景，咖啡廳依以前的銀行

看似復古的紅磚建築物
其實是重新興建。

展覽現場：〈Paris ♥ Graphic〉，2017 年。

許多日劇的御用拍攝咖啡廳 Cafe 1894。

map

營業室打造格局，挑高的天花板和復古華麗的裝潢散發濃濃英式
風情。講述大正至昭和時期天皇御廚故事的日劇《天皇の料理番》
（天皇的御廚）則利用了美術館外觀拍攝，眞實反映那個年代的
氛圍。看完日劇之後再來到丸之內，看著三菱一号館美術館背後
襯著衆多高樓，總有種恍然分不清古今的感覺。

● 帶有尖屋頂的維多利亞建築

維多利亞建築指的是 1837 年至 1901 年，英國維多利亞女王在位時，因工
業革命發起，經濟水平大幅提升，進而開始追求更加精緻的建築風格，於
是發展出盛行裝飾的維多利亞建築。常見的維多利亞建築形式包括 Gothic
Revival（哥特復興式）、Italianate（義大利式）、Folk Victorian（平民維
多利亞式），以及最經典的 Queen Anne（女王安妮式），特色是尖屋頂
及拱門。古典而華麗的風格其後也流行至美國及世界各地，至今仍對建築
風格有著一定的影響。

美術館／三菱一号館美術館／東京
地址　東京都千代田区丸の内 2-6-2
電話　03-5777-8600
網址　mimt.jp
※ 目前休館中，預計 2024 年秋天重新開館，詳細開放時
間、票價等資訊請依官網公告爲主。

東京車站前的咖啡藝術空間
BUG

　　東京車站絕對是東京前三名複雜的轉乘站之一（另外兩站應該是澀谷和新宿），東京地下鐵、JR 線，甚至是新幹線都在此交會，再加上大型巴士站、地下街、連通的商業設施等等，每天的出入人數超過 100 萬。從八重洲南口出站後右轉徒步 3 分鐘，就可以看見位於商辦大樓一樓，有著開闊對外窗的 BUG，大量運用金屬、玻璃等冷調材質，簡約而現代。

　　知名人力公司 Recruit Holdings 旗下的兩個展覽空間：Creation Gallery G8 及 Guardian Garden 陸續在 2023 年閉館，而 BUG 就是接替它們的存在。為 BUG 設計平面視覺的設計師菊地敦已是龜倉雄策賞 2020 年的獲獎者，而龜倉雄策則是雜誌《Creation》的創刊總編輯，頗有傳承意味。還記得當時 Creation Gallery G8 每年都會固定舉辦幾個企劃展，BUG 也不遑多讓地成立了「BUG Art Award」並舉辦入圍者展覽，提供開始創作未滿 10 年的藝術家報名，不限制年齡，為比賽帶來更多彈性。

沿著八重洲南口一路直行，
就能看見 BUG 的外觀。

較為深焙的咖啡，偏向傳統的喫茶店風味。

map

使用木板搭建的吧台，上面放置著多種自家製飲品。

　　BUG CAFE的咖啡部門則由谷中的複合文化設施HAGISO營運，在展覽期間的平日，出示藝術設計類學生證，就能夠以¥300特價購買紅茶、拿鐵或咖啡。如果在社群網站上投稿展覽照片或轉發官方照片，還能另外得到折價券！不確定台灣的學生證是否有效，在學中的朋友歡迎去試試後再告訴我！

咖啡藝廊／BUG／東京
地址　東京都千代田区丸の内 1-9-2
　　　　Gran Tokyo South Tower 1F
時間　週一～週五 8:00 ～ 19:00
　　　　週六、週日、假日 11:00 ～ 19:00，週二休
網址　bug.art/cafe/

立足現代的日本茶沙龍
HIGASHIYA GINZA

　　銀座中央通是銀座最精華的大馬路，週末下午從銀座通口一路到銀座八丁目整條都是步行者天國，也就是行人徒步區。和櫻井焙茶研究所、HIGASHI-YAMA Tokyo 由同一集團營運的 HIGASHIYA GINZA 就位在中央通上的 POLA 大樓內，提供自家調配的茶及精緻的季節和菓子。坐電梯上了 2 樓，穿過暖簾後首先會映入眼簾的是販售商品的區域，招牌的茶葉及和菓子都可在此購買。

　　店內空間也和櫻井焙茶研究所、HIGASHI-YAMA Tokyo 一樣，由日本知名設計公司 SIMPLICITY 打造，HIGASHIYA GINZA 的概念是「現代的日本茶沙龍」，帶進英國的茶沙龍型態，佐以日本的日式風情，不管是木製的圍籬還是垂釣的復古燈飾都很有味道，整體顯得摩登而細膩。不大的室內約有 40 個位子，位於正中心的是吧檯，可以看到上面擺設有許多充滿當季風味的裝飾，為的就是讓客人更能感受到季節的變換，工作人員也會在此為顧客泡茶。訪問時是秋天，品嘗到的季節茶品含有新鮮葡萄，加上綠茶的調和，在清爽的甘甜中還能嘗出一絲葡萄的果香，再搭配現場製作，外層軟 Q 內餡綿密的生菓子，風味溫柔的日式下午茶不只帶來滿足感，更有著沉靜心靈的感受。

當季的葡萄綠茶以及生菓子。　　　　秋季訪問時裝飾有芒草的入口處。

1. 店內的主要空間，吧檯位於核心區域。
2. 工作人員會在擺上季節裝飾的吧檯泡茶。
3. 除了生菓子之外的和菓子也提供外帶購買。

外帶購買和菓子的櫃檯，包裝和裝飾都好美！

和菓子店／ HIGASHIYA GINZA ／銀座
地址　東京都中央区銀座 1-7-7 2F
電話　03-3538-3240
時間　11:00 ～ 19:00
網址　www.higashiya.com/ginza

｜展覽空間｜

除了皮件之外藝術也是精品級
銀座 Maison Hermès Le Forum

　　在法國以馬具皮件起家的 Hermès 是無人不曉的時尚品牌，在各大世界級品牌林立的銀座，Hermès 也選擇將旗艦店設立於此。銀座 Maison Hermès 開幕於 2001 年，由義大利建築師 Renzo Piano 設計，曾在 1998 年獲得普利茲克建築獎的他，最有名的作品是和 Richard Rogers 共同設計的法國龐畢度藝術中心。Maison Hermès 處在街角，以玻璃磚構成的建築白天在陽光的照射下閃閃發亮，晚上則隱隱透著室內溫暖光線，帶來不同面貌。除了地下 1 樓到 4 樓的賣場，還設有 Hermès 日本總部辦公室、預約制戲院，以及 8 樓與藝術家共同創造的展覽空間：Le Forum。

　　「Le Forum」在法文中有著「論壇、集會場」的意思，這裡的展覽也大多具有議題性，最近一次訪問觀看的〈Greenland〉中谷芙二子＋宇吉郎展是一對父女的聯展，父親中古宇吉郎是知名天氣學者，以世界首位製造出人工雪結晶為人所知。中谷芙二子在父親的影響下，也選擇了以人工霧作為表現媒材，在 1970 年的大阪萬國博覽會後一躍成名，其後在世界各地，包含台灣，展開了

玻璃磚堆疊出的建築外牆。

展覽現場：Abraham Cruzvillegas，〈The Water Trilogy 2〉，2017 年。

中古芙二子，〈Glacial Fogfall〉，2017 年。

map

超過 80 件裝置藝術作品。展名 Greenland 指的是丹麥框架內的自
治國格陵蘭，境內的大部分處在北極圈內，是中古宇吉郎晚年研
究冰雪的基地。除了將中古宇吉郎的研究照片、道具、紀錄片展
出之外，中谷芙二子的新作〈Glacial Fogfall〉在室內製作出霧的
雕刻，觀展者能走進霧裡親身用皮膚感受濕氣，也能夠隔著霧看
見父女超越世代與作品藩籬的對話。

　　另外 1 樓的入口櫥窗也是 Hermès 細心打造的地方，時常和國
內外知名藝術家或設計師合作，每 2 個月更換一次，開幕時請來
法國 Hermès 的御用櫥窗設計師 Leïla Menchari 打造純正 Hermès
風情，之後像是吉岡德仁、Nicolas Buffe、原研哉等人也都曾經在
此展示過作品，至今已更換過百餘次。來到 Maison Hermès，也
別忘記多留意這個櫥窗。

展覽空間／銀座 Maison Hermès Le Forum ／銀座
地址　東京都中央区銀座 5-4-1 8F
電話　03-3289-6811
時間　依展覽而定，不定休
網址　www.hermes.com/jp/ja/story/maison-ginza/
票價　免費

重視藝術的話題性商場
GINZA SIX

　2017 年開幕的 GINZA SIX 是銀座目前最新且最大的商業設施，爲了建造 GINZA SIX，整個開發甚至遍及整個街區的再塑造。建築由日本現代主義建築師谷口吉生擔綱設計，他認爲「建築是爲人而生的容器」，不只建築外型，他也極重視建築基地的歷史蘊含與使用者的關聯性。建築立面上使用了大量的屋簷狀金屬突出做爲造型，爲的是讓人們在遠方就能辨識出 GINZA SIX。而沿著中央通的六個品牌門面則以傳統店家會設置的暖簾爲概念，交給品牌自由設計，希望的是建築物在永續長存的同時，品牌能因時代做出變化，讓整個商場能夠歷久彌新。

　而 GINZA SIX 內部除了店家和餐廳吸引人之外，最具話題的就是它的藝術性還有蔦屋書店了。開幕時建築中心的大挑空區域在森美術館的監修之下，請來現代藝術家草間彌生展示她的新作〈南瓜〉。圓點和南瓜都是她最爲人知的藝術語彙，掛在天井上的大小紅白南瓜也讓 GINZA SIX 以淡雅木色調爲主的空間更顯得活潑有生氣。此外館內還有兩條長達 12 米的壁面，分別展示了數位藝術團體 teamLab 的影像作品〈Universe of Water Particles on the Living Wall〉以及法國植物藝術家 Patrick Blanc 的植栽作品

臨路的立面由各品牌帶出不同風格，充滿氣勢。

頂樓的花園平日午間吸引許多附近的上班族前往休息。

map

〈Living Canyon〉，甚至在樓梯等中介空間也常設有大卷伸嗣、船井美佐、堂本右美三位藝術家的作品，希望讓大眾能更輕易地接觸藝術。

● 草間彌生之於圓點及南瓜

草間彌生生於 1929 年，自幼患有的神經性視聽障礙讓她時常看見幻覺，據說她為了保護時常受到幻聽幻覺所苦的自己，參考了日本的怪談故事《無耳芳一》中，主角在自身上寫滿經文的方式，也在自己的作品上繪製上滿滿的圓點，像是一個儀式。而小時候她痛苦時，會到田裡擁抱爺爺種的南瓜，彷彿可以從中得到平靜，所以南瓜對她來說是療癒的象徵。她的作品可說是源自於她的傷痛，不管是繪畫、雕塑、影像、裝置藝術還是小說，1960 年代就被稱為「前衛女王」的她，作品在現代看來依舊走在時代的尖端。

給人現代感印象的蔦屋書店也從 GINZA SIX 進軍銀座，選擇使用了日本傳統建築的木構造作為空間的重點，書店內最特別的兩個區域分別販售代表日本工藝的日本刀區，以及放置有多本將近 40 公斤重量級藝術書籍的「BIG BOOK」區，希望以書連結藝術與日本文化，實現充滿藝術的生活。

商業空間／ GINZA SIX ／銀座
地址 東京都中央区銀座 6-10-1
電話 03-6891-3390
時間 商店 10:30 ～ 20:30，餐廳 11:00 ～ 23:00
網址 ginza6.tokyo

推廣平面設計的美好
ginza graphic gallery

　　就在 GINZA SIX 的斜對面街角，看似普通的辦公大樓中，其實藏身著在平面設計界十分重要的展覽空間 ginza graphic gallery。ginza graphic gallery 被暱稱爲 ggg，在 1986 年由世界最大規模的印刷公司：大日本印刷株式会社設立在自社創社的地點銀座，不只舉辦展覽及講座，也成立出版部門 ggg Books，發行了一系列介紹平面設計師的書籍。

　　上次訪問時遇見的是波蘭平面設計大師 Roman Cie lewicz 的展覽〈ロマン チェシレヴィチ　鏡像への狂気〉（Roman Cie lewicz 瘋狂的鏡像），他早期學習俄羅斯的構成主義及包浩斯風格，以海報設計師的身分活躍於波蘭，而後在 1950 年代前往法國，活用左右對稱、蒙太奇拼貼、鏡像等手法，帶給法國平面設計及藝術界很大的影響。他的作品大多以人臉爲主角，在鏡像處理後卻意外的難以辨識表情及意圖，令人印象深刻。ggg 的企劃展大多以國內外重量級平面設計師爲主角策展，像是非常喜歡的平面設計師雙人組キギ（kigi）的植原亮輔及渡邉良重、以鮮豔革新畫風聞名的藝術家橫尾忠則等人都曾在此舉辦展覽，對平面設計迷來說，是能夠免費入場卻能大量吸收設計知識的好地方。

能看見 GINZA SIX 就位於斜對面。　　能看見 GINZA SIX 就位於斜對面。展覽現場：Roman Cielewicz，〈ロマン・チェシレヴィチ鏡像への狂気〉，2017 年。

展覽現場：Roman Cie lewicz，〈ロマン・チェシレヴィチ　鏡像への狂気〉，2017 年。

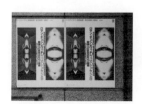

展覽空間／ ginza graphic gallery ／銀座

地址　東京都中央区銀座 7-7-2
電話　03-3571-5206
時間　11:00 〜 19:00，週日、國定假日休
網址　www.dnp.co.jp/gallery/ggg/
票價　免費

知名化妝品牌的悠久藝廊
SHISEIDO GALLERY

　　大家都知道資生堂（SHISEIDO）生產化妝品，但或許沒有很多人知道它旗下也有名為 SHISEIDO PARLOUR，販售西點並開設西餐廳的支線。創立於 1872 年的資生堂最初是藥局，在 1902 年開始販售蘇打水後市場反應極佳，於是在 1928 年開設了 SHISEIDO PARLOUR，現在 SHISEIDO PARLOUR 的總店就在 2000 年新建立的東京銀座資生堂大樓內，由西班牙建築師 Ricardo Bofill 設計，磚紅色的外觀在銀座路上十分搶眼。一路經營至今，西餐廳仍是老一輩東京人心中的懷舊洋食滋味，西點部門的起司蛋糕和餅乾也都是招牌人氣商品，而 SHISEIDO GALLERY 就位在這棟大樓的地下室。

　　SHISEIDO GALLERY 在 1919 年開幕，據稱是日本最早的畫廊。當初僅設立在化妝品部門的一角，而後漸漸擴大，就算陸續經歷了地震及戰災，依舊沒有改變「發現與創造新的美」的理念，至今已舉辦超過 3,000 次展覽，其中不乏其後名留日本藝術史的人物。SHISEIDO GALLERY 的展覽方針定位在具有前衛性而純粹的現代美術，在新大樓落成後，樓高 5 米的空間也足夠讓藝術家做出更大、更豐富的發揮。

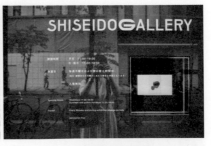

以磚紅為主色的資生堂大樓十分搶眼。　外牆上有著展覽空間的介紹小櫥窗。

可免費索取的季刊《花椿》。

　　另外到了 SHISEIDO GALLERY 也別忘了免費季刊《花椿》，它在 1924 年以《資生堂月報》之名創刊，其後在 1937 年改名《花椿》，2016 年起轉變爲線上及免費季刊形式，不僅依舊傳達專屬女性的流行、美妝、文化等情報，也因爲齊聚許多知名創作者、設計師及藝術家而知名。這本雜誌只在爲數不多的書店能夠索取，但我也經常撲空，只有資生堂大樓內的數量是最足夠的，記得索取一本帶回家珍藏！

展覽空間／ SHISEIDO GALLERY ／銀座
地址　東京都中央区銀座 8-8-3 B1
電話　03-3572-3901
時間　11:00 ～ 19:00、週日、國定假日 11:00 ～
　　　18:00，週一休
網址　www.shiseidogroup.jp/gallery/
票價　免費

日本第一座國立美術館
東京国立近代美術館

　美術館林立的東京其實大部分是私人美術館，國立美術館除了前面介紹的国立新美術館和国立西洋美術館之外，就是位於皇居旁的東京国立近代美術館了。1952 年設立後，在 1969 年由建築師谷口吉郎設計了現在的美術館建築，他也是負責銀座 GINZA SIX 設計的建築師谷口吉生的父親。東京国立近代美術館同時也是日本第一間國立的美術館，除了本館之外還有同樣位於皇居外圍的工芸館。

　成立當時大部分的美術館都還沒建立館藏制度，通常都是爲了企劃展而去商借作品，而東京国立近代美術館是首間擁有館藏的美術館。從明治時代後期到現代的畫作、雕刻、攝影等，像是被列爲重要文化財的橫山大觀、菱田春草等日本畫大師作品，共收藏有 13,000 件以上。企劃展的主題則大多是知名藝術家個展或因應時代的主題展，像是 2017 年拜訪時的〈日本の家 1945 年以降の建築と暮らし〉（日本的家 1945 年後的建築與生，於 2017 年 7 月 19 日～ 10 月 29 日展出），展出了 56 組建築師的 75 件住宅作品，

以灰白色爲主體的美術館建築。

展覽現場：〈日本の家 1945 年以降の建築と暮らし（日本的家 1945 年後的建築與生活）〉，2017 年。

透過模型、圖面、照片、影片等多元方式呈現，甚至 1：1 重現了
戰後代表性建築師清家清的名作〈斎藤助教授の家（齊藤助理教
授之家）〉，讓人可以親自體驗空間的細節及尺度。透過 13 個不
同的主題，展示了這 70 年間的日本住宅，彷彿透過建築了解了日
本戰後的歷史，並更走進日本的住宅文化。

● 誕生明治立足昭和的谷口吉郎

谷口吉郎生於 1904 年的明治年間，他以在昭和時期設計了皇室御用的東
宮御所及帝国劇場聞名。另外已在 2015 年閉館重建的東京大倉酒店舊館
中，最常被拍攝的大廳也是出自谷口吉郎的設計，充滿摩登和風的細節讓
來自世界的創作者都稱讚不已，決定拆除時還發起國際性的保存運動，可
惜最後還是決定拆除，傳承部分舊有設計及素材由兒子谷口吉生團隊負責
重建。另外谷口吉郎也是博物館明治村的發起人之一，位於愛知縣的廣大
園區內保存有許多明治時代舊建築，可以見到他除了興建建築之外也十分
重視永續文化的一面。

map

展覽現場也設有建築書籍及雜誌提供觀展者閱讀。

美術館／東京国立近代美術館／竹橋

地址 東京都千代田区北の丸公園 3-1
電話 03-5777-8600
時間 10:00 ～ 17:00、週五、週六 10:00 ～ 20:00，
　　　週一休
網址 www.momat.go.jp
票價 依展覽而定

親身體驗紙張的細緻
竹尾見本帖本店

　　見本帖的母公司竹尾（TAKEO）創立於 1899 年，在日本是老字號造紙公司，百餘年來不斷開發創新技術，製造出的紙張具有豐富的色彩及手感，受到許多知名的頂尖設計師喜愛，而「見本帖」這三個字也就是設計師們常會使用到的「紙樣冊」的意思。除了製造紙之外，竹尾還致力於各種推廣紙的相關活動，像是每年發行三次，每期選用不同紙張，介紹各種紙相關資訊的情報冊《PAPER'S》，以及由 1965 年即開始舉辦的系列展覽〈TAKEO PAPER SHOW〉，2014 年的〈PAPER SHOW "SUBTLE"〉也曾在設計大師原研哉的策劃下巡迴來台展出。

　　竹尾見本帖在東京共有三家店，分別是與銀座文具老店伊東屋共同打造的竹尾見本帖 at Itoya，以專業設計師為對象的青山見本帖，以及就在東京国立近代美術館附近徒步約 10 分鐘距離的竹尾見本帖本店。竹尾見本帖本店所在的神保町是一個以書及出版業聞名的地區，就算藏身大樓內，大面落地窗透出整室的白還是非常顯眼。進門後可以看到布滿牆壁的抽屜，還有展示桌內一格一

透過窗戶即可看見整片的純白。　　　　展覽現場：〈現象体〉，2017 年。

展示桌內漸層排列著各式紙樣。

格以漸層色彩擺放的搜尋用紙卡，紙卡的背面詳細記載有紙的名稱、編號、顏色、磅數及特色，將紙卡交給工作人員，或是自己對照著上面的資訊就可以在抽屜內找到需要的紙張。2樓另外還有販售紙類文具的美篶堂及展示空間，用來舉辦活用紙張魅力的展覽。就算身在數位時代，在這裡依舊能看見設計師對紙張的想像，也能透過親手觸摸去體驗紙張的細緻與溫度。

展覽空間／竹尾見本帖本店／神保町

地址 東京都千代田区神田錦町 3-18-3
電話 03-3292-3631
時間 10:00 ～ 18:00，週六、週日、國定假日休
網址 www.takeo.co.jp
票價 免費

東京市部　Tama Area

走出喧鬧的二十三區

東京都由 23 個特別區、26 個市、5 個町、8 個村構成，23 個特別區通常合稱「二十三區」、「區部」，其餘區域稱為「多摩地域」、「市部」，大概是台北市及新北市的概念。因為不在市中心，設施的地坪通常都相當廣大，交通雖然沒有市區便利，但步調也更加和緩自在。如果對喧鬧的都心感到略微疲倦，推薦在旅程之中安排一天遠離市區，到市部體驗更接近當地人的生活。

建築的時空膠囊
江戶東京たてもの園（江戶東京建築園）

　　有朋友笑稱，1993 年開館於都立小金井公園內的江戶東京たてもの園其實就是日本版的民俗公園，其實的確是相去不遠。作爲江戶東京博物館的分館，將東京境內無法在原地留存，具有保存價值的歷史建築搬遷至園區，同時進行復原及保存展示。

　　江戶東京たてもの園保存的 30 棟建築物年代橫越江戶至昭和中期，當中也有不少文化財。入口處的中央區大多是能感受到歷史的純日式建築，東區則是可以感受下町風情的商店街，包含雜貨店、乾貨店、文具店、旅館等等，但當中最有名的應該就是錢湯「子寶湯」了。由足立區搬遷過來的子寶湯有著弧形的唐破風屋簷，還有許多細緻雕刻，可以想見在當時應該是十分豪華的錢湯。據說宮崎駿電影《神隱少女》在繪製時，也參考了包含錢湯的整條下町商店街。之後也於園內舉辦了神隱少女展以及露天電影播放會。而宮崎駿與江戶東京たてもの園的緣分不只如此而已，園區的吉祥物「えどまる」（江戶丸）其實也是以綠意盎然的環境及昆蟲的形體爲構想，由宮崎駿所繪製而成的。

園區的入口在有著廣大綠地的小金井公園內。

重現了昭和時代的雜貨店面貌。

前川國男邸不只外觀，連內部空間及家具都復刻了當時的樣子。

1. 當時通行於澀谷到新橋間的路面電車「都電 7500 形」。
2. 子寶湯內部,就是常在日劇日影裡看到的傳統錢湯!
3. 前川國男邸內餐廳的餐桌由前川國男親自設計。
4. 同樣位於西區的小出邸,和洋折衷建築內有著漂亮的和室空間。
5. 除了建築物本身之外,前川國男邸包含了大門、門牌及庭院。

　　獨棟住宅都坐落在西區，最西邊有著茅葺屋頂的民居，其他住宅來自明治、大正到昭和等不同年代，大家都有著各自的樣式。其中「前川國男邸」被認定爲東京都指定有形文化財，原本建於品川區上大崎，曾經解體移往輕井澤，而後捐贈給江戸東京たてもの園，最後在 1996 年完成了復原。

　　住宅主人兼建築師前川國男曾師事柯比意，也是開啟了日本現代主義建築時代的領頭羊之一，他設計的京都會館和東京文化會館都在建築迷必看的日本現代主義建築百選之列。1942 年完工的這棟建築正逢二戰時期，當時有著資材限制，無法使用鋼筋，也無法興建樓地板面積超過 100 平方米的房子，於是前川國男採用了木構造，人字型斜屋頂也是傳統的「切妻屋根」樣式，但室內的配置卻更接近現代建築。捨棄了日式的隔間，起居空間位居平面圖的正中央，挑高與大面的木頭格柵窗讓不大的空間顯得通透，四個角落分別配置了兩間寢室、廚房和傭人房，中間以兩間浴廁連接，2 樓的樓中樓則做爲書房使用。室內家具除了前川國男親自設計的餐桌之外，餐椅交由自身事務所內專門負責家具設計的水之江忠臣設計，剩下的家具也都親自挑選，包含起居空間內來自雕塑大師野口勇經典「Akari」系列的和紙吊燈。他將拿手的現代主義形式與傳統融合，打造出這棟日本獨有的木造現代建築。

　　訪問江戸東京たてもの園那天是下午，陽光灑進每一棟建築物內，映出溫暖的黃暈，不管在哪裡拍照都非常漂亮。詢問了工

map

陽光下的前川國男邸。

作人員在園內拍攝照片的細節，工作人員說婚紗拍攝需要事先申請，但除此之外在非商用目的下，都非常歡迎在不影響其他客人的情況下入園拍照。（關於攝影的詳情可以先參考官網說明！）如果在東京有和服體驗的機會，或許可以考慮來江戶東京たてもの園，留下彷彿走進時空隧道的美麗影像。

歷史園區／江戶東京たてもの園／武蔵小金井

地址 東京都小金井市桜町 3-7-1（都立小金井公園內）
電話 042-388-3300
時間 4 月～9 月 9:30～17:30、10 月～3 月 9:30～
　　 16:30（最後入館時間爲閉館前 30 分鐘）週一休，
　　 若爲國定假日則照常開館，隔日休館
網址 www.tatemonoen.jp/zh-tw/
票價 ¥400

連結在地的區域型美術館
府中市美術館

　　開幕於 2000 年 10 月的府中市美術館坐落於府中之森公園內，主題爲「生活與美術＝重新審視美與生活的美術館」，公園腹地曾是美軍駐日基地，府中之森藝術劇場也在一旁。滿滿綠意的園內除了有著隨季節變化的多樣化植物外，也包含了運動設施、戲水池、烤肉區等公共娛樂空間。

　　很喜歡多年前訪問時的展覽〈虹の彼方　こことどこかをつなぐ、アーティストたちとの遊飛行〉（彩虹的另一端　連結此處與彼方，與藝術家一同遨遊），當時和友人非常喜歡由藝術總監柿木原政広及遊戲設計師 Tr lie Okamocěk 所設計的六角形遊戲卡牌「Rocca SPIELE」，能在小小的桌面上營造出有立體感的透視圖樣。現場除了投影於桌上的影像裝置作品外，也製作了特大號的遊戲卡牌鋪設於地面，在特定角度拍攝就能拍出錯視照片，大人小孩都能同樂。

　　府中市美術館內除了一般展覽室外，還設置了可舉辦工作營的創作室、兒童造型室、市民專用藝廊等創造在地連結的空間。訪問時恰巧碰到正在展出日本水彩畫會的東京支部展，現場有許多

貼滿了展覽海報的大廳告示牌。

公開製作室正在展出過去藝術家進駐的資料。

map

在公園一角，充滿綠意的府中市美術館。

活力滿滿的銀髮長者到場參與，非常熱鬧。另外公開製作室也有
藝術家不定期進駐，能夠親眼看見藝術家進行現場創作的過程，
讓藝術也能更貼近居民的生活，成為日常的一部分。

　除了美術館內，整個府中之森公園內還有多座由知名日本雕刻
家製作的雕像設置在公園內，特別喜歡由雕刻家朝倉響子製作的
〈Anne & Michelle〉，設置在大草地中央的兩人雕像照著陽光非
常美麗，記得一併近距離欣賞。

美術館／府中市美術館／府中

地址　東京都府中市淺間町 1 丁目 3 番地
　　　（都立府中之森公園內）
電話　042-336-3371
時間　10:00 ～ 17:00（最後入館時間 16:30）週一休，若為
　　　國定假日則照常開館，下一個平日休館
網址　www.city.fuchu.tokyo.jp/art
票價　常設展 ¥200，企劃展依展覽而定

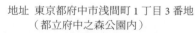

| 咖哩店 |

異國情調融合日式精緻
Surya Sajilo

　　在日本的幾年，很多原本不敢吃的食材都因爲接觸了更多不同的烹調方式而開始願意嘗試，曾經在 Sajilo 吃到的羊肉丸串就是其中之一。販售尼泊爾咖哩的 Sajilo 在東京有著三家分店，Sajilo Clove 位在西荻窪，和隔壁站吉祥寺的 Sajilo Cafe 都屬元老級，分別開幕於 2008 年和 2012 年。之後也在輕井澤開設了兩家分店，連日本戀愛實境節目《雙層公寓》也曾前往拍攝成員的用餐實況。

　　靈活運用古董家具，打造出日系雜誌常見那種充滿細節的室內空間，是 Sajilo 系列店的共同點。而餐點卻感覺十分道地，放眼望去工作人員也大多是尼泊爾人，與他們溝通時偶爾用日文和英文都說不太通，需要帶點比手畫腳，但大部分都十分親切。初次前往時還覺得整個體驗有點衝突，後來翻閱雜誌才知道 Sajilo Cafe 是由日本建築師妻子及來自尼泊爾的丈夫共同打造，這才覺得這一切融合都甜蜜而動人。

　　以前最常前往的是吉祥寺的 Sajilo Cafe，這次則是來到吉祥寺中道通り最新開幕的 Surya Sajilo。或許是爲了回應街道氛圍，Surya Sajilo 相較其他分店顯得更有大人感而精練，大面開窗還能同時導

店內中午生意很好，我們待到接近
打烊時間才拍到空景。

配上灑落陽光與窗外綠地的午餐。

店內使用了許多精緻吊燈營造氣氛。

入對面公園的綠意。如果胃口不大,建議大家在點餐的時候要稍微收斂一點,我和朋友三個人都點了午間套餐,內含一杯飲料、一份沙拉、一碟小菜、一碗咖哩和一片比臉還大的烤饢,雖然咖哩濃郁而香氣十足,但沒人能把烤饢全部吃完,而且還一路飽到晚上。晚餐時段還會有前菜的烤雞或羊肉丸串,當初羊肉丸串是因為看不懂外來語而點的,一口咬下雖然知道是不喜歡的羊肉,但在搭配香料及炭烤的香味作用之下,也變得容易入口了。

map

豐盛的午間套餐，一般食量的女生應該都吃不完！

　　另外從 Surya Sajilo 步行約 6 分鐘，還有系列雜貨店 Harmonia Sajilo 可以一起逛逛，除了復古食器之外，還有些從尼泊爾農園引進的香料可以購買。2022 年開始他們也跨足旅館業，開始在輕井澤湖畔經營「HOTEL CORINTHE」，官網照片美得像是夢境。我已經加進清單，希望有天可以更近一步體驗店主們的美好生活。

咖哩店／ Surya Sajilo ／吉祥寺

地址　東京都武藏野市吉祥寺本町 4-7-2
電話　0422-22-7385
時間　週一～週五 11:30 ～ 15:30，18:00 ～ 23:00
　　　週六、週日及假日 11:30 ～ 23:00
　　　（最後點餐時間爲閉店前 30 分鐘，週六、週日及假日
　　　午餐菜單提供至 15:00）
網址　sajilocafe.jp

大人風格的童話故事
胡桃堂喫茶店

　　研究所時期就住在國分寺，一般觀光客來到東京並不會特地前往，我通常以「我住在比吉祥寺跟吉卜力更西邊的地方」來讓台灣友人理解大概的地理狀況。當時車站正在執行大型的再開發，住在那邊的 2 年，北口永遠被工地圍籬包著。當時總感嘆鄰近區域中就屬國分寺最沒地方去，但搬走之後，隨著開發案一步一步完成，開始發現陸續有些不錯的店進駐國分寺。以前在隔壁站西國分寺有家很喜歡的咖啡廳「KURUMED COFFEE」，以童話故事《胡桃鉗》為主題，空間可愛又帶有童趣，招牌的蛋糕三明治會隨季節推出不同的口味，每次訪問都會有新的驚喜。沒想到咖啡廳在 2017 年進駐了國分寺，用復古風情打造出宛若老式咖啡廳的胡桃堂喫茶店。

　　店內 1 樓、2 樓及樓梯間都有配置書架，擺放了大量的書籍，希望客人們能在喝咖啡的同時也能用文學對話。另外也接受街坊鄰居的二手書，甚至一本一本加上手寫的便箋來介紹書，希望能將書本和心意都一直傳承下去。

　　除了美味的咖啡之外，「胡桃堂喫茶店」提供的甜品也不能錯

再開發完工的國分寺車站北口，公車候車處比我念書時升級太多了！

系列店桌上的標配：核桃，是真的可以食用的。

灰色的外牆爲復古的喫茶店帶來一些現代氛圍。

1. 店門口的手繪看板超級可愛！
2. 南瓜布丁搭配咖啡吃起來更爲香醇可口。
3. 店內到處放有書架，是一間小書店的藏書量了。
4. 一樓的咖啡吧台明亮通透，也有販售咖啡豆及週邊商品。

map

雕花木椅、窗戶的花紋玻璃搭配復古藍牆，所有細節都精緻。

過。最近的人氣商品是台灣蜂蜜蛋糕，據說較日本的口味不甜膩，可以到品嘗雞蛋的風味。而我選擇的南瓜布丁是切成長方體，稍微偏硬的口感，加上紅豆泥和鮮奶油，再搭配一本書和咖啡，就是秋天應景的好滋味。

　　另外國分寺也很推薦車站的手捏飯糰「重吉」和丸井百貨內的司康店「La boulangerie Quignon」，兩個都是我當年常吃，現在仍然不時懷念的好味道！現在的北口廣場就設有座椅，可以混進通勤的日本人群，坐下來休息墊個肚子，再踏上接下來的旅程。

咖啡廳／胡桃堂喫茶店／国分寺

地址　東京都国分寺市本町 2-17-3
電話　042-401-0433
時間　11:00 ～ 18:00（最後點餐時間 17:30），
　　　15:00 過後僅提供飲品及點心，週三、週四休
網址　kurumido2017.jp

建築迷口中的鐵皮之家
丘の上の APT（兒嶋画廊）

　　居住在國分寺時完全不曉得，建築師藤森照信在國分寺有三個作品，分別爲被稱作「タンポポハウス」（蒲公英之家）的藤森自宅、由咖啡色銅板構成的「チョコレートハウス」（巧克力之家）、以及就坐落在隔壁，被暱稱爲「トタンの家」（鐵皮之家）的丘の上の APT。

　　從國分寺車站南口一路往住宅區內走，爬上長長坡道之後，銀色的丘の上の APT 就在眼前。這棟房子建造於 2014 年，由藤森照信設計，並帶領他的學生們及業主共同建造。大大的斜屋頂和菱格紋狀並保有凹凸的鍍鋅鋼板外牆令人印象深刻，雖然不是藤森建築常見的自然媒材，但依舊保有手感及童趣。丘の上の APT 又名兒嶋画廊，主要的收藏畫家之一兒島善三郎是畫廊經營者兒嶋俊郎的爺爺。除了現代日本藝術以外，繩文土器、藍染及北海道阿伊努族織物等工藝品也在兒嶋先生的收藏之列。

　　訪問時正值換展期間，但工作人員發現了在外頭鬼鬼祟祟研究建築細節的我，親切地開門讓我一探究近鐵皮之家的內部，甚至

穿越了住宅區，又長又陡的坡道。

經營者兒嶋先生的自宅，可以看見
藤森照信招牌的茶室空間。

畫廊 2 樓閣樓內的藏品。

還告訴我可以走出後院到離經營者自宅，也就是巧克力之家更近
的地方去看看！親眼觀看了充滿活力的藏品和建築物，離開時走
下坡道的腳步也輕盈了起來。雖然離市區遠了點，但絕對是建築
迷不可錯過的私藏景點。

展覽空間／丘の上の APT ／国分寺

地址 東京都国分寺市泉町 1-5-16
電話 042-207-7918
時間 12:00 ～ 18:00，週一、國定假日休
網址 www.gallery-kojima.jp
票價 免費

| 後記補充 |　除了前面七個章節的景點之外，還有些因篇幅或區域未收錄進去的美術館、博物館、藝廊和藝術空間，一樣也很推薦可以去逛逛喲！

INTERMEDIATHEQUE ／東京

www.intermediatheque.jp

位於購物商場 KITTE 內，由日本郵便株式會社和東京大學綜合研究博物館共同營運，展示許多研究資料及標本，活用舊建築結構，展現奇幻而精緻的風格，擁有非常特別的空間感。

東京ステーションギャラリー（TOKYO STATION GALLERY）／東京

www.ejrcf.or.jp/gallery/

1988 年開幕的東京ステーションギャラリー在東京車站整修的同時曾一時休館，而後在 2012 年重新開放，紅磚牆構成的市內空間彷彿可以感受到丸之內的歷史。

TOKYO NODE ／虎ノ門ヒルズ

https://tokyonode.jp/index.html

虎之門之丘車站大樓由 Rem Koolhaas 領軍的荷蘭建築師事務所 OMA 設計，而 TOKYO NODE 進駐了其中的高樓層，帶來表演中心、多功能展區、論壇、3D 攝影棚、餐廳與無邊際泳池等空間，帶來更多元，更新穎的展演方式。

Panasonic 汐留ミュージアム（Panasonic Shiodome Museum）／汐留

panasonic.co.jp/ew/museum/

以電器聞名的 Panasonic 其實也有展覽空間！位於自社大樓內，以建築、工藝、知名藝術家為主軸，舉辦多元主題的展覽，能加深人與空間及人與物件的關聯性，創造更有文化的空間。

アド・ミュージアム東京（The Ad Museum Tokyo）／汐留

www.admt.jp

日本唯一一間以廣告為主題的博物館，收錄由江戶時代開始的各種廣告，能夠了解廣告的歷史外，也能看到近年的得獎廣告作品。另外博物館所在的 Caretta 汐留有著非常知名的聖誕燈飾秀，如果剛好是冬季訪問也別忘了一併參觀！

teamLab Borderless ／神谷町

https://www.teamlab.art/zh-hant/e/borderless-azabudai/

teamLab Planets TOKYO 是數位藝術團隊 teamLab 與森大樓集團合作成立的展覽空間，展出方式打破了作品與觀者的界線，讓大家都能輕易地親身體驗數位藝術的有趣之處。另外位於新豐洲的 teamLab Planets TOKYO 預計期間限定開放至 2027 年，也可以選擇造訪。

東京国立博物館／上野

www.tnm.jp

上野公園建築基地內還有東京国立博物館，它是聚集了日本古美術精華的日本首間博物館。在爲數眾多的館藏中有著 89 件國寶、639 件重要文化財，若對東洋美術有興趣的話不可錯過！

草間彌生美術館／牛込柳町

yayoikusamamuseum.jp

2017 年 10 月開幕的草間彌生美術館在開幕當時可以說是一票難求，純白的建築內依展覽主題展示草間彌生的畫作、雕塑、裝置藝術等，入場爲完全預約制，須事先上網購票，門票會提前兩個月於每月 1 號在官網發售，確認行程後別忘了早點購買！

草月会館／青山一丁目

www.sogetsu.or.jp

草月会館是日本花道的知名流派之一：草月派的會館，建築由建築師丹下健三設計，室內坐擁雕塑大師野口勇所創作的石庭，大樓裡頭的咖啡廳 CONNEL COFFEE 則由設計師佐藤人的工作室 nendo 設計，是一處靜謐而充滿細節的所在。

日本民藝館／駒場東大前

https://mingeikan.or.jp/

位於內有日本近代文学館的駒場公園旁，由民藝運動的發起人柳宗悅設立於 1936 年，目前五代目的館長爲知名產品設計師深澤直人。民藝館的館藏不僅限於日本，更有來自全世界的工藝品，能以更多視角感受民藝帶來的生活之美。

SCAI THE BATHHOUSE ／根津

www.scaithebathhouse.com

TERRADA Art Complex 內 SCAI PARK 旗下的另一個據點，改裝自老澡堂的空間保留了部分原貌，彷彿在澡堂內觀賞現代美術一般，光是這點就足夠讓人想造訪了。

Kaikai Kiki Gallery ／広尾

gallery-kaikaikiki.com

由現代藝術家村上隆主宰的 Kaikai Kiki Gallery 位於有許多大使館，十分國際化的広尾，藝術家奈良美智也曾在 Kaikai Kiki Gallery 多次舉辦展覽。空間雖小但展覽大都主題鮮明，前往六本木時可順道繞來看看。

PLAY! MUSEUM ／立川

https://play2020.jp/

立川的大型文化商業設施「GREEN SPRINGS」內，除了街區包含了大量公共藝術作品外，2020 年 6 月開幕的 PLAY! MUSEUM 也身處其中。美術館以「畫與話語」爲主題，負責設計的手塚建築研究所以開放的幼稚園設計聞名，是適合親子共賞的美術館。

東京 ART 小旅 ［全新增訂版］

帶你穿梭於美術館、展覽空間，彙整美感爆炸的必訪店鋪

作　　者	蔡欣妤（Deby Tsai）
攝　　影	蔡欣妤（Deby Tsai）、朱孟芸（nanako.CHU）
裝幀設計	李珮雯（PWL）
責任編輯	王辰元

發 行 人	蘇拾平
總 編 輯	蘇拾平
副總編輯	王辰元
資深主編	夏于翔
主　　編	李明瑾
行銷企畫	廖倚萱
葉務發行	王綬晨、邱紹溢、劉文雅

出　　版　日出出版
　　　　　新北市 231 新店區北新路三段 207-3 號 5 樓
　　　　　電話：（02）8913-1005 傳真：（02）8913-1056
　　　　　大雁出版基地

發　　行　新北市 231 新店區北新路三段 207-3 號 5 樓
　　　　　24 小時傳真服務（02）8913-1056
　　　　　Email：andbooks@andbooks.com.tw
　　　　　劃撥帳號：19983379　戶名：大雁文化事業股份有限公司

初版一刷　2024 年 4 月
定　　價　580 元
I S B N　ISBN 978-626-7460-13-9
I S B N　ISBN 978-626-7460-10-8（EPUB）

國家圖書館出版品預行編目 (CIP) 資料

東京 ART 小旅【全新增訂版】：帶你穿
梭於美術館、展覽空間，彙整美感爆炸的
必訪店鋪／蔡欣妤著 . -- 初版 . – 新北市：
日出出版：大雁文化事業股份有限公司發
行 ,2024.4
　面 ; 公分
ISBN 978-626-7382-13-9（平裝）
1. 旅遊 2. 日本東京都

731.72609　　　　　　　　113004161